Han Banning

Bessere Kommunikation mit Migranten

Ein Lehr- und Trainingsbuch

Aus dem Niederländischen
übersetzt von Mirjam Pressler
und Reinhard Koch

Beltz Verlag · Weinheim und Basel

Han Banning, Jg. 1931, studierte Philosopie, Theologie und Pädagogik. Bis 1992 war er Dozent für Philosophie und interkulturelle Kommunikation an der Universität Den Haag. Seitdem ist er in verschiedenen Organisationen tätig, die sich mit der Integration von Ausländern in die niederländische Gesellschaft beschäftigen.

Titel der Originalausgabe: In gesprek met migranten.
Leer- en werkboek interculturele communicatie.

Der Übersetzung liegt die 2. Auflage von 1993 zugrunde.

Die Deutsche Bibliothek – CIP-Einheitsaufnahme

Banning, Han:
Bessere Kommunikation mit Migranten : ein Lehr- und Trainingsbuch / Han Banning. Aus dem Niederländischen übers. von Mirjam Pressler und Reinhard Koch. – Weinheim ; Basel : Beltz, 1995
(Edition sozial)
Einheitssacht.: In gesprek met migranten <dt.>
ISBN 3-407-55782-5

Lektorat: Richard Grübling

Herstellung: Klaus Kaltenberg
Satz (DTP): Satz- und Reprotechnik GmbH, Hemsbach
Druck: Druckhaus »Thomas Müntzer«, Bad Langensalza (Thüringen)
Umschlaggrafik: Rambow + van de Sand, Frankfurt a.M.
Printed in Germany

ISBN 3-407-55782-5

Inhalt

Teil 3

Mit einer Hand kann man nicht klatschen

(Arabisches Sprichwort)

Vorwort

In unserem Land erscheinen viele Publikationen über die Stellung, die Kultur und die typischen Eigenheiten von Migranten und ethnischen Minderheiten. Oft sind es wissenschaftliche oder theoretische Ausführungen über die Bedeutung und die Folgen der Tatsache, daß die Niederlande zu großen Teilen eine multi-ethnische Gesellschaft geworden sind. Andere Publikationen bieten vor allem Hintergrundinformationen für den praktischen Umgang mit Migranten in der Sozialarbeit und im Gesundheitswesen. Dieses Buch will einen Schritt weiter gehen und stellt die Frage: Wie kann man in der Praxis ein Gespräch mit Migranten führen? Was bedeutet es, daß diese Menschen eine andere kulturelle Geschichte haben? Was bedeutet es, Migrant zu sein? Welche Fallstricke können sich in einem Gespräch mit Migranten ergeben?

Dieses Buch hat daher den Charakter eines Arbeitsbuches. Es bietet konkrete Informationen für Gespräche zwischen Menschen, die nicht die gleichen kulturellen Wurzeln haben und die meist in einer ungleichgewichtigen ökonomischen und emotionalen Situation miteinander umgehen. Der Akzent des Buches liegt auf dem Tun. Ich verwende viele praktische Beispiele und zeige die Einzelfälle so, daß der Leser gleichsam von innen her erfährt, was ein gutes interkulturelles Gespräch ausmacht. Dazu lernt er auch, eigene Erfahrungen zu reflektieren, und, von den eigenen Erfahrungen ausgehend, ein besserer Gesprächspartner zu werden. Dieses Buch fordert deshalb dazu auf, selbst etwas zu tun.

Ich habe dieses Buch für Studierende geschrieben, die sich auf einen sozialpädagogischen Beruf vorbereiten. Das Buch ist aber auch für berufserfahrene Praktiker gedacht – in der Hoffnung, daß sie größere Kompetenzen für Gespräche mit Migranten erwerben, die mit einem Problem bei ihnen anklopfen. Das bedeutet nicht, daß ich davon ausgehe, daß ein sachliches und kompetentes Gespräch eine problematische Situation lösen könnte. Dafür sind die Probleme der Migranten oft zu grundsätzlich oder zu umfassend.

Doch ich bin davon überzeugt, daß es sinnvoll ist, Menschen beizubringen, ihre Situation in den Griff zu bekommen, und sie anzuleiten, mehr Selbstbewußtsein zu entwickeln, so daß ihre Situation für sie weniger erdrückend wird.

Das Arbeitsbuch hat den folgenden Aufbau:

- Im ersten Teil behandle ich kurz und bündig die wichtigsten Aspekte der Gesprächsführung im Hinblick auf Gespräche mit Migranten.
  - In den Kapiteln 1 und 2 geht es um die allgemeine Struktur von Gesprächen.
  - In Kapitel 3 behandle ich die Bedeutung des Hintergrunds, vor dem Menschen miteinander sprechen. Diesen Hintergrund nenne ich die Lebenswelt der Menschen.
  - Ich schließe diesen Teil mit den meiner Ansicht nach wichtigsten Faustregeln für ein interkulturelles Gespräch und mit einem methodischen Modell ab, das ein wirklich sozialpädagogisches Gespräch ermöglicht (Kapitel 4).

- In Teil 2 gehe ich tiefer und spezifischer auf die Themen der ersten vier Kapitel ein.
  - Zunächst beschäftige ich mich ziemlich ausführlich mit einigen wichtigen kulturellen Unterschieden und Nuancen autochtoner und allochtoner Lebenswelten (Kapitel 5).
  - In Kapitel 6 und 7 bringe ich die Bedeutung des »Migrantseins« zur Sprache, vor allem dessen Konsequenzen für Kinder von Migranten.
  - Weil Rassismus und Diskriminierung in diesen Zusammenhängen eine große Rolle spielen, wird dieser Aspekt in einem Exkurs sowohl theoretisch als auch praktisch »bearbeitet«.
  - Das Körpererleben der Migranten steht im interkulturellen Gespräch oft im Vordergrund. Im Kapitel 8 geht es daher um Sexualität, Krankheit und Gesundheit.
  - Das sozialpädagogische Gespräch findet innerhalb oder vor dem Hintergrund einer Familiensituation statt. Was das beinhaltet, wird in Kapitel 9 besprochen. Die Stellung des Sozialarbeiters findet hier besondere Berücksichtigung.

- Teil 3 reflektiert die Sprache, die wir im Gespräch verwenden, und geht der Frage nach, welche Kompetenzen von einem hiesigen Gesprächspartner erwartet werden müssen.
  - Kapitel 10 führt aus, wie in einer Problemsituation durch Sprache das Gefühl der Ohnmacht verstärkt werden kann. Durch einen bestimmten Sprachgebrauch kann aber auch das Selbstbewußtsein der Migranten entwickelt werden.
  - Das letzte Kapitel (11) richtet sich an Sozialarbeiter und benennt einige Schlußfolgerungen für das Gespräch mit Migranten.

Bei der Behandlung dieser Themen werden viele Vorschläge gemacht und Aufgaben gestellt, die sich auf praktisches Handeln beziehen. Dafür sind nach jedem Kapitel auch eines oder mehrere Fallbeispiele angeführt. Diese Fälle dienen einerseits dazu, das Besprochene zu verarbeiten. Andererseits zeigen sie, wie man mit Einzelfällen umgehen kann. Nach meiner Erfahrung sind in jeder Gruppe, die sich mit dem interkulturellen Gespräch beschäftigt, viele Menschen, die eigene Erfahrungen damit haben. Es ist besonders lehrreich, Erfahrungen miteinander zu besprechen. Die Fallbeispiele und ihre Bearbeitung in diesem Buch geben Hinweise, wie ein Erfahrungsaustausch vor sich gehen kann.

Nicht alle Aufgaben und Einzelfälle dieses Buches müssen tatsächlich behandelt werden. Der Dozent oder Kursleiter kann auswählen, in Hinblick auf die Zeit, die zur Verfügung steht und in Abhängigkeit von den Problemen, die Studenten oder Teilnehmer selbst einbringen.

Die Ausführungen dieses Buches und insbesondere die Fallbeispiele beziehen sich vor allem – aber nicht ausschließlich – auf Migranten aus dem Mittelmeerraum. Diese Menschen leben oft in einer sehr benachteiligten Situation und haben (bisher) nur wenige Sozialarbeiter aus ihrem eigenen Kreis, von denen sich der »alteingesessene« Sozialarbeiter beraten lassen kann. Die Ausführungen zu Theorie und Praxis des Gesprächs mit diesen Migranten sind jedoch sehr gut auf andere Gruppierungen zu übertragen.

Im Kapitel 7 wird in einem Fallbeispiel die Situation der Juden in den Niederlanden besonders berücksichtigt.

Da dieses Buch vor allem praxisorientiert sein will, habe ich die Literaturhinweise auf das absolut notwendige Minimum beschränkt.

Theoretische Informationen sind in jeder Buchhandlung und in jeder Bibliothek reichlich vorhanden. Wichtige Literatur, die von mir verwendet wurde, ist in den verschiedenen Kapiteln angegeben.

Als theoretischen und methodischen Hintergrund dieses Buches verwende ich mein früher erschienenes Buch: »Welzijnswerk ten dienste von migranten, een terreinverkenning« (Sozialarbeit für Migranten, eine Sondierung), PM-Reeks, H. Nelissen, Baarn, 1986. Der rote Faden dieses Buches ist die Spannung zwischen der Lebenswelt der alteingesessenen Sozialarbeiter einerseits und der Lebenswelt der Migranten andererseits. Das Buch verwendet diese Spannung als Rahmenhandlung und beschäftigt sich dann ausführlicher damit.

Eine Ergänzung meines theoretischen und methodischen Ansatzes fand ich in dem Buch von D. Pinto: »Interculturele Communicatie, driestappen-methode voor het doeltreffend overbruggen en managen van cultuurverschillen« (Interkulturelle Kommunikation, eine Drei-Schritte-Methode zur wirksamen Überbrückung und Bearbeitung kultureller Unterschiede), Bohn/Stafleu/Van Loghum, 1990. Faktisch bewegt sich diese Methode innerhalb des oben angegebenen Rahmens. Ich übernehme Pintos methodische Terminologie der »Drei-Schritte-Methode«, weil sie sehr brauchbar ist. Sehr erhellend finde ich auch seine Unterscheidung von autochtonen, grobmaschigen Kulturen und allochtonen, feinmaschigen Kulturen. Diese Unterscheidung ist gut geeignet, um kulturelle Unterschiede zu kennzeichnen. Auch das übernehme ich gern von Pinto. In Kapitel 5 komme ich darauf zurück. Im zweiten Teil dieses Arbeitsbuches wird sich zeigen, wie wichtig die genannte Unterscheidung für die Systematisierung der Befunde der unterschiedlichen Kapitel ist.

Nach diesen einleitenden Hinweisen sollten Sie nun an die Arbeit gehen!

Im Text wird immer die männliche Sprachform verwendet. Die weibliche Form sollte jeweils dazu gelesen werden.

Teil 1

Einige wichtige Aspekte der Gesprächsführung, insbesondere bei Gesprächen mit Migranten:

- Voraussetzungen eines guten Gesprächs
- Arten der Kommunikation
- Der Hintergrund, vor dem wir kommunizieren
- Faustregeln für das interkulturelle Gespräch und ein methodisches Modell

1. Voraussetzungen eines guten Gesprächs

»Sie wissen nicht mehr, was Sie tun sollen?«
»Nein, nein, ich sitze völlig fest.«
»Ich denke, es ist das beste, Sie nehmen Kontakt mit dem GSD[1] auf.«
»Äh ... ja, ja ... wenn Sie das sagen ... GSD ... GSD, haben Sie gesagt?«
»Ja, in der Tat.«

In diesen fünf Sätzen wird eine Feststellung getroffen, die bestätigt wird. Es wird ein Hinweis gegeben, auf den der Gesprächspartner (= jemand, der noch nicht sehr lange in den Niederlanden ist) nur zögernd reagiert.

Man kann sich fragen, ob der Gesprächspartner überhaupt weiß, was der GSD ist. Oder hat er vielleicht eine unangenehme Erfahrung mit dem GSD gemacht? Oder hat er das Gefühl, abgefertigt zu werden? Mit anderen Worten: In der Kommunikation verweisen die Wörter meist auf eine ganze Erlebenswelt. Einander verstehen bedeutet daher auch: unser gegenseitiges Erleben verstehen und ernst nehmen. Davon handelt dieses Buch.

Wenn die Gesprächspartner nicht von gleichen Voraussetzungen ausgehen, können die hin und her geschickten Botschaften nur schwer verstanden werden. Man muß interpretieren – mit dem Risiko der Fehlinterpretation. Und dann verstehen wir einander nicht mehr, und das Gespräch verfehlt das beabsichtigte Ziel. In unserem Fall: Der Mann kommt der Aufforderung nicht nach.

Um sich gegenseitig richtig verstehen zu können, müssen daher offensichtlich eine Reihe von *Voraussetzungen* erfüllt sein. Man kann diesen Voraussetzungen zwei Kategorien zuordnen.

1 GSD: Gemeentelijke sociale dienst (kommunaler Sozialdienst); entspricht dem deutschen Allgemeinen Sozialdienst (ASD).

1) Wir müssen einander *technisch* verstehen können.

a) In interkulturellen Gesprächen ist es so, daß längst nicht alle Gesprächspartner unsere Sprache gut beherrschen, manche sogar überhaupt nicht, und dann muß man mit einem Dolmetscher arbeiten. (Ich komme später darauf zurück.)
b) Der Gesprächspartner muß wissen, worum es geht. Er muß über das Thema ungefähr ebenso gut informiert sein wie man selbst. In unserem Fall: Weiß er, was der GSD ist und was diese Institution für ihn bedeuten kann?

2) Wir müssen einander bis zu einem gewissen Grad auch *gefühlsmäßig* verstehen.

Haben die Worte auch ungefähr die gleichen Gefühlswerte für die Gesprächspartner? Wie denkt der Mann beispielsweise über den GSD? Es kann leicht passieren, daß wir die gleichen Wörter verwenden und trotzdem nicht zu einer wirklichen Kommunikation kommen können. Unser (kultureller) Hintergrund und unsere Situation sind in unseren Worten enthalten, und auch darin, wie wir das, was der Gesprächspartner sagt, wahrnehmen. Ein besonderes Problem des interkulturellen Gesprächs ist auch, daß unsere Sprache für die Migranten eine zweite, später erlernte Sprache ist. Es ist die Frage, ob sie ihre Emotionen in dieser zweiten Sprache überhaupt adäquat ausdrücken können.
Beispielsweise bedeutet das Wort »Freiheit« für uns vor allem, daß wir als Individuen keine Behinderungen erfahren und daß wir mehr oder weniger tun können, was wir wollen. In mediterranen und orientalischen Kulturen hat dieses Wort vor allem damit zu tun, daß man sich innerhalb einer Gruppe glücklich und geborgen fühlt.

Man sollte sich klar darüber werden, daß diese Voraussetzungen die Gefahr von Fehlinterpretationen in sich bergen. Wir gehen bei der Interpretation dessen, was der andere sagt, von unserem eigenen Gefühlsleben und von unserer eigenen Kultur aus, und für unsere Gesprächspartner gilt dasselbe. Daraus ergibt sich die große Gefahr, daß jeder von uns die Worte des anderen falsch auslegt. Dies wiederum bedeutet, daß es zu einer grundlegenden Kommunikationsstörung kommt.

Grundsätzlich gilt das für jede Kommunikation, aber in der interkulturellen Kommunikation ist diese Gefahr viel »selbstverständlicher«.

Im folgenden Kapitel gehe ich darauf ein, wie man versuchen kann, dieser Gefahr möglichst zu entgehen.

Fallbeispiel: Der Opa aus der Türkei

Familie K. hatte ihren Opa aus der Türkei für einen Urlaubsaufenthalt kommen lassen. Eines Tages fiel er die Treppe hinunter. Er wurde mit einer schlimmen Kopfwunde ins Krankenhaus gebracht.

Carla, die die Familie ab und zu besucht, hörte davon und ging ins Krankenhaus. Die ganze Familie saß um Opas Bett. Es ging ihm schlecht. Er hyperventilierte stark. Mit einem erschrockenen Gesichtsausdruck erzählte der Sohn, die Ärzte hätten am Tag zuvor beschlossen, das Gehirn seines Vaters einer genaueren Untersuchung zu unterziehen. Die Ärzte hätten versucht, dem alten Mann zu erklären, was das bedeute. Sie hätten ihn in eine Art Maschine geschoben, und der Vater habe angenommen, sie wollten ihn töten. Er hatte nämlich einmal gehört, daß in den Niederlanden Menschen, die schwer krank seien, getötet würden. Der Kranke hatte sich so aufgeregt, daß er noch immer nicht richtig atmen konnte.

Fragen/Aufgaben

1) Welche Voraussetzungen der Kommunikation sind hier nicht erfüllt?

2) Können Sie aus Ihrer Erfahrung mit interkultureller Kommunikation – hoffentlich weniger dramatische – Beispiele für Fehlinterpretationen angeben?

3) Die türkische und die arabische Sprache kennen das Wort »Sozialhilfe« nicht. Wie würden Sie jemandem aus diesen Kulturen, der arbeitslos geworden ist, den Begriff »Sozialhilfe« erklären?

4) Sie sind bei einer bestimmten Institution angestellt (oder Sie stellen sich eine Institution vor, die Sie gut kennen). Schreiben Sie nun auf, wie Sie einem »Ausländer« so klar wie möglich erläutern würden, was zum Aufgabenbereich dieser Institution gehört.

2. Aspekte der Kommunikation

Es folgt die Fortsetzung des Gesprächs, mit dem Kapitel 1 begonnen hatte:

»Ich habe den Eindruck, Sie zögern ein bißchen.«
»Ja … nein, nein … das war doch ein gutes Gespräch mit Ihnen.«
(Der Mann sieht einigermaßen enttäuscht aus.)
»Ja, das finde ich auch. Darum hoffe ich, daß Sie meinem Rat folgen werden.«
»Ja, ja, sicher. Ich werde auch mit meiner Frau darüber sprechen. Ich danke Ihnen sehr für dieses Gespräch.«

Faktisch wird hier auf zwei Ebenen gesprochen. Bestimmte Inhalte werden einander mitgeteilt: das Gefühl, daß der andere zögert; daß es ein gutes Gespräch war; die Hoffnung, daß dem Rat gefolgt wird, usw. Aber dahinter zeigt sich noch etwas anderes: ein bleibendes Zögern, die Enttäuschung, der Versuch, sich eine Hintertür offenzuhalten (das Gespräch mit der Ehefrau) usw. Man kann dieses Gesprächsfragment in unterschiedlicher Weise betrachten. Die Sichtweisen können einander ergänzen oder auch überschneiden.

1) Man kann zwei Niveaus unterscheiden. Das erste Niveau ist die *explizite Kommunikation*. Hier geht es ausschließlich um den Inhalt der Wörter. Das zweite Niveau ist die *implizite Kommunikation*. Derjenige, der das Gespräch dominiert, spricht aus seiner Situation heraus, die durch Autorität, Sachverstand und Sozialarbeit gekennzeichnet ist. Der andere reagiert und spricht ebenfalls aus seiner eigenen Situation heraus, in der Abhängigkeit, Respekt und Verbundenheit mit seiner Frau eine große Rolle spielen. Die implizite Kommunikation ist mindestens so wichtig wie die explizite. Aus der impliziten Kommunikation wird die Situation erkennbar, die zuweilen die explizite Botschaft der Wörter blockieren kann. Vielleicht macht die Situation es dem Mann unmöglich, den Rat zu befolgen.

2) Ein zweiter Ansatz besteht darin, neben dem *Inhaltsniveau* auch das *Statusniveau* zu beachten. Hier spricht ein Fachmann mit jemandem, der um Hilfe bittet und der respektvoll auf den Fachmann reagiert. Wer ist er denn, daß er dem Fachmann widersprechen könnte, selbst wenn er nicht mit ihm übereinstimmen sollte? Der Verweis auf des Gespräch mit seiner Frau ist möglicherweise der Versuch, es dem Fachmann nach außen hin recht zu machen und doch einen eigenen Weg zu gehen. Respekt, Ehre, Selbstwertgefühl sind wichtige Themen auf diesem Niveau.

3) Weiterhin zeigt sich, namentlich bei dem um Hilfe bittenden Mann, eine Spannung zwischen dem, was er zu sagen *beabsichtigt* (ich werde Ihrem Rat folgen) und dem, was er *unbeabsichtigt* mitteilt (ich weiß noch nicht, ob ich Ihrem Rat folgen werde).

4) Schließlich gibt es Differenzen zwischen der *verbalen* und der *nonverbalen* Kommunikation. Die Pausen im Gespräch und die Enttäuschung in seinem Blick sind nonverbale Signale, die darauf hinweisen, daß es um mehr geht als nur um das, was verbal ausgedrückt wird. Hierzu gehören Gesten und Körperhaltungen. Es ist außerordentlich wichtig, nonverbale Signale aufzunehmen, weil sie oft mehr über die Gefühle des Gesprächspartners aussagen als die verbalen Mitteilungen.

Diese kurze Beschreibung von vier Aspekten der Kommunikation scheint mir im Rahmen dieses Buches auszureichen.

Im vorhergehenden Kapitel habe ich auf die Fallstricke der Fehlinterpretation hingewiesen. Die liegen vor allem im Bereich des Impliziten, des Unbeabsichtigten und der unterschiedlichen Statusniveaus. Auf diesen Feldern gibt es starke Gefühle, Erwartungen und Widerstände. Und oftmals äußert der Gesprächspartner diese Gefühle in nonverbaler Weise. Um diese Fallstricke zu vermeiden, ist es notwendig, sich der genannten Aspekte der Kommunikation bewußt zu sein.

Ich möchte noch einige Beispiele mit Bezug auf die interkulturelle Kommunikation anführen.

Wenn wir das Wort »arbeitslos« verwenden, kann das für jemanden, der aus seinem Land emigriert ist, um bei uns Arbeit zu finden, noch emotionaler klingen als für einen alteingesessenen Inländer. Die Situation ist hier bestimmend. Jemand, der angibt, arbeits-

los zu sein, verweist damit implizit auf seine Lebenssituation. Der hiesige Sozialarbeiter muß sich bewußt sein, daß er dazu neigt, eine solche Mitteilung aus seiner eigenen Situation heraus zu interpretieren.

Im fünften Kapitel werden wir sehen, daß Ehre eine große Bedeutung für Migranten aus dem Mittelmeerraum und dem Orient hat und oft wichtiger ist als Aufrichtigkeit. Bei Kontakten bekommen diese Migranten sehr schnell das Gefühl, daß man ihre Privatsphäre antastet. Sie werden ihre Privatsphäre vielleicht dadurch schützen, daß sie ihren Gesprächspartner auf eine falsche Fährte locken. Das ist ihre Absicht, aber unbeabsichtigt sagen sie etwas anderes: Halte bitte Abstand. Sie werden das immer sehr verbindlich ausdrücken, um zu zeigen, daß sie den Statusunterschied respektieren.

Untersuchungen zeigen, daß Menschen einen eigenen Lebensraum um sich herum haben, von dem aus sie mit anderen Kontakt aufnehmen. Dieser Lebensraum ist kulturell geprägt. Das heißt, in der einen Kultur brauchen die Menschen einen geringeren Raum als in einer anderen. So stehen Surinamer und Molukker in der Kommunikation näher beieinander als Westler, die körperliche Nähe in der Kommunikation leicht als etwas aggressiv empfinden. Diese Unterschiede im nonverbalen Verhalten können somit leicht zu Fehlinterpretationen führen.

In mediterranen Kulturen kann das Schweigen zu einer bestimmten Bemerkung ein Zeichen dafür sein, daß man sich vom Gefühl her auf einer anderen Wellenlänge befindet als der Gesprächspartner. Man muß daher ergründen, wie man das Schweigen verstehen soll.

Mit den Fallbeispielen des zweiten Teils werde ich mehrfach auf dieses Thema hinweisen.

Fallbeispiel: Ouali

Ouali ist 24 Jahre alt und stammt aus Tunesien. Er ist seit 16 Jahren in den Niederlanden und lebt, als ältestes von fünf Kindern, noch bei seinen Eltern. Er ist bei einer Selbsthilfeorganisation als Dolmetscher beschäftigt und macht daneben eine Ausbildung als Sozialpädagoge. Er hat Probleme mit seinem Studium. Sein Mentor bittet ihn um ein Gespräch, aus dem die folgende Passage stammt.

Ouali sitzt verkrampft auf dem Stuhl und schaut aus dem Fenster.
»Du findest das Studium schwer, nicht wahr?«
»Nun, schwer ... äh ... nicht wirklich schwer, aber ich habe wenig Zeit, um mich vorzubereiten.«
»Deine Arbeit ist sehr zeitaufwendig?«
»Ja ... und sie ist schwierig.«
»Nun, ich halte sie auch nicht für leicht.«
»Neulich mußte ich für jemanden auf dem Arbeitsamt dolmetschen. Sie akzeptierten mich nicht. Stell dir das vor!«
»Warum nicht?«
»Die Beamten mögen mich nicht. Bürokraten ... Sie fragten nach meinen Papieren. So ein Quatsch.«
»Das hat dich empört?«
»Empören ... empören ... das bringt einem nichts. Ich muß meine Arbeit machen.«
»Du hast keine offiziellen Papiere?«
»So ein Quatsch.«
Ouali fegt mit der Hand über den Tisch.
»Beeinflußt das dein Studium?«
»Das Studium hat so gar nichts mit meiner Arbeit zu tun. Nimm nur ein Fach wie Soziologie. An sich sehr interessant. Aber was habe ich davon? Na ja, es wird verlangt.«
»Ja, manchmal wird es nicht gleich deutlich, was man von einem Fach hat.«
»Ja, aber ich muß mein Diplom machen!«
Ouali sieht ziemlich hilflos aus.
»Du weißt nicht, wie es weitergehen soll?«
»Doch, ich muß mein Diplom machen.«
»Ja, aber ... deine Leistungen ... Hast du zu Hause genügend Raum zum Lernen?«
»Zu Hause? ... O ja ... Nein, an zu Hause liegt es nicht.«
»Nun, mit all den Kindern wird das wohl nicht immer einfach sein.«

Aufgaben

1) Untersuchen Sie, wie der Mentor kommuniziert.
2) Es gibt in diesem Fallbeispiel einige nonverbale Signale. Werden sie vom Mentor aufgenommen? Wie würden Sie reagieren?
3) Hier und da interpretiert der Mentor. Geben Sie an, wo das geschieht. Gibt es da Fehlinterpretationen?

3. Der Hintergrund, vor dem wir kommunizieren

Wenn man die Gesprächsausschnitte der beiden vorhergehenden Kapitel noch einmal liest, lassen sich drei Elemente entdecken, die mit dem nicht explizierten Hintergrund zu tun haben, vor dem gesprochen wird.

1) Die Stellung, die jeder der Gesprächspartner einnimmt. Der eine ist der Sozialarbeiter, der Fachmann, der Mann oder die Frau mit einer gewissen Autorität. Der andere ist der Klient, der sich als Abhängiger darstellt. In jedem Gespräch übernehmen die Gesprächspartner bestimmte Rollen: als Ehepartner, als Vater, als Arbeitgeber oder Arbeitnehmer, als Mitglied eines Vereins, als jemand, der Bescheid weiß oder wissen könnte, als jemand, der Fragen stellt usw.

2) Es wird etwas gesagt. Es werden Ansichten erkennbar, die dem Sozialarbeiter wichtig sind. In jedem Gespräch geht es um Auffassungen von dem, was wahr ist, um Werte und Normen, die man in der Erziehung mitbekommen hat und/oder die man sich im Verlauf des Lebens, im Studium oder durch Erfahrungen angeeignet hat.

3) Der Klient zögert, der Sozialarbeiter nicht. Die individuelle Haltung spielt da eine Rolle. Das kann auch nicht anders sein. Meine eigene Geschichte und mein individuelles Erleben, durch die ich spezifische Erfahrungen und Gefühlsreaktionen erworben habe, schwingen in den Worten mit, vor allem in der eher impliziten Kommunikation.

Diese drei Faktoren bilden zusammen die Lebenswelt des Menschen. Bezogen auf die Lebenswelt füllt man seinen Platz oder seine Stellung aus, verleiht man den Menschen und den Dingen um sich herum Bedeutung, reagiert man auf Menschen, Dinge und Situationen entsprechend der eigenen Art und Weise.

Die beiden ersten Faktoren oder Aspekte der Lebenswelt sind ziemlich konstant. Die Verwirklichung der gesellschaftlichen Rollen und die Erfahrungen mit Werten, Normen, Auffassungen sind zum großen Teil durch die Kultur bestimmt, in der man aufwächst. Der dritte Aspekt jedoch ist sehr subjektiv: die eigene Geschichte, die eigenen Erfahrungen. Durch diesen Aspekt wird die Lebenswelt zu unserer Lebenswelt, verwirklichen wir Rollen auf unsere Art, werden Werte, Normen, Wahrheiten und Auffassungen zu unseren eigenen.

Wegen der Bedeutung für eine gute (interkulturelle) Kommunikation möchte ich jeden der Aspekte noch deutlicher machen. Zudem will ich zeigen, wie man reagieren kann, wenn einer dieser Aspekte in der Kommunikation Gefahr läuft, vernachlässigt zu werden.

3.1 Die hierarchischen Beziehungen und Positionen

In der Kommunikation nehmen die Gesprächspartner bestimmte Positionen ein, die den Charakter hierarchischer Beziehungen haben können. Die Bedeutung einer hierarchischen Beziehung ist von Gesprächssituation zu Gesprächssituation unterschiedlich und kann auch stark kulturell bestimmt sein. In einem sozialpädagogischen Gespräch spielt die Hierarchie in der Beziehung immer eine Rolle. Sie wird unter anderem beeinflußt durch:

- eine autoritäre oder eine demokratische Einstellung
- die Bedeutung der Beziehungsebene mit mehr oder weniger großem Respekt vor der Autorität
- eine entsprechende »Befehlskultur« oder »Verhandlungskultur« in der Organisation.

3.2 Auffassungen von dem, was wahr, gut, gerecht, ehrlich und ehrenhaft ist

Was für den einen eine Wahrheit ist, muß für einen anderen nicht wahr sein. Es mag sachlich angemessen sein, jemanden an den GSD zu verweisen, aber das bedeutet nicht, daß der andere diese

Auffassung auch teilt. Arbeitslosigkeit als ökonomische Gegebenheit kann für einen Menschen aus Zentralafrika, wo es ganz andere Arbeitsbedingungen gibt, möglicherweise ziemlich unverständlich sein.

Zu diesem Aspekt der Lebenswelt zählt auch die Religion. Hier wird noch deutlicher, daß die Wahrheit des einen für einen anderen sogar die Unwahrheit sein kann. Hierher gehört auch alles, was mit Erziehung zu tun hat.

In Gesprächen mit Migranten spielt dieser Werte-Aspekt wegen der kulturellen Unterschiedlichkeiten immer eine große Rolle. Ich komme darauf in Kapitel 5 zurück.

3.3 Eigene Erfahrungen und Erlebnisse: die eigene Geschichte

Wir kommen nun zum individuellen Aspekt der Lebenswelt. Eine möglicherweise ärgerliche Erfahrung mit dem GSD kann der Grund dafür sein, daß unser Gegenüber nur zögernd auf die Überweisung an diese Institution reagiert.

Die konkrete Situation, in der wir aufgewachsen sind, bestimmt in hohem Maße, wie wir Menschen und Dinge sehen (man denke beispielsweise an Inzestopfer).

Migrant oder das Kind von Migranten zu sein, ist eine sehr subjektive Erfahrung, die bestimmte kulturelle Gegebenheiten stark beeinflussen kann. In Kapitel 6 und 7 wird darauf ausführlich eingegangen.

Die drei behandelten Aspekte sind unauflöslich miteinander verbunden und machen zusammen die Lebenswelt von Menschen aus. Wird einer der Aspekte nicht oder zu wenig beachtet, beeinflußt das auch die anderen.

Einige Beispiele:

Die Ehe einer jungen Frau aus Marokko mit einem jungen Mann aus den Niederlanden widerspricht der islamischen Kultur (zweiter Aspekt), schwächt die Gruppe, aus der die junge Frau kommt (erster Aspekt), und wird ihr zu Hause viel Ärger machen (dritter Aspekt).

Die Entwurzelung, die ein Migrant erfahren kann (dritter Aspekt), bringt ihn vielleicht dazu, sich von unserer Gesellschaft abzukapseln, mit der eigenen Gruppe ein Ghetto zu bilden (erster Aspekt) und eine fundamentalistische Religiosität auszuleben (zweiter Aspekt).

Die Verteilung der Flüchtlinge über die ganze Republik steht einer Gruppenbildung im Wege (erster Aspekt), hat großen Einfluß auf das Erleben der eigenen Kultur (zweiter Aspekt) und führt zur Vereinsamung (dritter Aspekt).

In der Kommunikation und daher auch in der Sozialarbeit gehen wir als Gesprächspartner und/oder Sozialarbeiter meist sofort auf einen der Aspekte ein. Es ist jedoch die Frage, ob dies der wichtigste Aspekt des Problems ist. Mit anderen Worten: Ist unsere Wahl (also unsere Interpretation) wirklich angemessen?

Wie kurz das Gesprächsfragment in Kapitel 1 und 2 auch ist, was halten Sie von dem Verweis an den GSD? Mit anderen Worten: Glauben Sie, daß die Lebenswelt des Mannes ausreichend berücksichtigt wurde?

Was tun Sie, wenn die junge Marokkanerin aus dem ersten Beispiel zu Hause wegläuft und bei Ihnen anklopft? Werden Sie ihr helfen, selbständig und unabhängig von ihrem Zuhause ihren Plan zu verwirklichen (erster Aspekt)?

Werden Sie sie erst beruhigen und in Sicherheit bringen (dritter Aspekt)? Oder gehen Sie auf die Suche nach jemandem aus ihrer eigenen Kultur, der ihr helfen kann (zweiter Aspekt)?

Möglicherweise werden Sie alle Aspekte berücksichtigen wollen. Aber womit beginnen Sie dann? Wie sieht Ihr Ansatz (Ihr Arbeitsplan) aus? Welche Zielsetzung haben Sie vor Augen? Und ist das auch das Ziel des Mädchens?

Es ist für die Kommunikation von großer Bedeutung, die Lebenswelt des anderen zu kennen oder zumindest sensibel dafür zu sein. Wenn man diese Aspekte der Lebenswelt nicht beachtet, kann der Gesprächspartner so reagieren, daß das Gespräch stockt oder zu keinem Ergebnis führt.

Wenn wir mit einem oder mehreren der Aspekte unserer Lebenswelt Probleme haben, so führt das zu Reaktionen. Diese Reaktionen werde ich gesondert betrachten, weil ihr Erkennen für ein gutes Gespräch eine wesentliche Rolle spielt.

3.4 Abwehrmechanismen

Die Reaktionen, die wir entwickeln, wenn ein oder mehrere Aspekte unserer Lebenswelt, das heißt also wir selbst, bedroht werden, nennt man in der Fachliteratur Abwehrmechanismen. Manchmal geben wir nonverbal zu erkennen, daß unsere Lebenswelt angetastet wird. Aber wir können uns auch verbal zur Wehr setzen. Ich nenne hier einige Reaktionen, die vor allem in der interkulturellen Kommunikation wichtig sind.

1) Man kann die Bedrohung unmittelbar aufgreifen. Meist geschieht das ziemlich aggressiv.
   Junge Migranten können im Gespräch so reagieren. Sie sitzen nämlich jemandem gegenüber, der eine Stellung in der Gesellschaft gefunden hat. Die Kinder haben aber das Gefühl, daß die gleiche Gesellschaft es ihnen fast unmöglich macht, ihre eigene Lebenswelt auf akzeptable Weise zu entwickeln.
   Migranten können auch dann aggressiv reagieren, wenn sie mit Normen und Werten aus dem Westen konfrontiert werden, die ihrer eigenen Kultur fremd sind. Die westliche Gesellschaft kommt ihnen dann dekadent vor und ohne Normen. Sie sind nicht in der Lage, ihre eigenen Werte und normativen Muster kritisch zu betrachten.

2) Man kann sich aufgrund der Bedrohung auch zurückziehen und depressiv werden.
   Bei vielen Migranten ist diese Reaktion zu erkennen. Sie können sich in die neue Situation nicht hineinfinden. Sie kommen damit nicht zurecht. Sie haben ihre existentielle Orientierung verloren. Schweigen kann ein Ausdruck des Rückzuges sein oder sogar Schutz der eigenen Ehre, des eigenen Gewissens bedeuten.

3) Es wurde bereits erwähnt, daß für Migranten die Ehre ein sehr wichtiger Wert ist, genauso wichtig wie das Recht auf die Privatsphäre. Werden diese Werte bedroht, besteht eine mögliche Reaktion darin, auf die bedrohlichen Fragen nicht einzugehen, Ausreden zu erfinden oder eine an sich richtige Feststellung abzustreiten. Das ist keine Frage der Moral, nicht Unehrlichkeit oder Unwahrheit. Solche Interpretationen wären von westlichen Vorstellungen geprägt.

4) Eine andere Reaktion mag darin bestehen, das eigene Verhalten mit Argumenten von Autoritäten, um die es gar nicht geht und deren Verläßlichkeit nicht überprüfbar ist, zu rechtfertigen. Beispiel: Ein Migrant nimmt seine Tochter aus der Schule, damit sie zu Hause hilft. Er verteidigt dieses Verhalten, indem er behauptet, im Koran stehe, daß Frauen ins Haus gehören. (Wo steht das im Koran? Jedenfalls steht drin, daß Väter alles tun müssen, damit ihre Töchter etwas lernen, »sogar umziehen bis ans andere Ende der Welt«!)

5) Eine letzte Reaktion: Migranten »träumen« von der Rückkehr, aber nur sehr wenige tun das auch tatsächlich. Dieses Träumen ist eine Flucht aus der harten Wirklichkeit, muß aber trotzdem ernst genommen werden.

In den Fallbeispielen werde ich auf diese Abwehrreaktionen zurückkommen und weitere Reaktionen zur Sprache bringen. Doch was oben beschrieben wurde, illustriert hinlänglich, wie wichtig das Erkennen dieser allgemein menschlichen Phänomene für Gespräche mit Migranten ist.

Aufgaben

Suchen Sie in dem vorhergehenden Fallbeispiel die Abwehrreaktionen Oualis. Wie geht der Mentor damit um?

Können Sie erklären, warum das Gespräch mit Ouali so zäh verläuft?

Fallbeispiel: Frau S.

Frau S. ist Ärztin. In ihre Sprechstunde kommt ein türkischer Vater mit seiner Tochter. Die Tochter ist schwanger, und der Mann bittet die Ärztin, eine Abtreibung zu machen. Böse Zungen hätten behauptet, daß die Tochter nicht von ihrem türkischen Freund schwanger sei, mit dem sie vor einigen Monaten in der Türkei religiös verheiratet wurde. Der Ärztin widerstrebt das autoritäre Auftreten des Vaters, und sie spürt Sympathie mit dem Mädchen. Sie selbst hat vor einigen Jahren, als sie schwanger war, trotz des Drucks ihrer Familie, eine Abtreibung verweigert, obwohl sie nicht

vorhatte, den »Verursacher« zu heiraten. Sie fragt das Mädchen, ob die Geschichte des Vaters wahr sei, aber das Mädchen ist stumm wie ein Fisch. Frau S. bittet den Vater, für einen Augenblick ins Wartezimmer zu gehen. Er sagt noch: »Ich bin allen meinen Kindern ein sehr guter Vater. Ich will, daß meine Tochter hier gut leben kann.«

Als die Ärztin mit Fatima, so heißt das Mädchen, allein ist, erklärt sie ihr, daß eine Abtreibung nur dann möglich sei, wenn sie selbst das wolle.

»Was meint dein Freund dazu?«

»Der steht ganz unter dem Einfluß seiner Mutter.«

»Aber ist denn das Kind wirklich nicht von deinem Freund?«

»Ach, es wird so viel geredet.«

In dem anschließenden Gespräch stellt sich heraus, daß die Familie des Bräutigams anfänglich mit der Heirat, die schließlich seit Jahren zwischen den beiden Familien vereinbart war, einverstanden gewesen war. Fatima wohnte auch seit der Rückkehr aus der Türkei bei der Familie des Bräutigams. Doch in den letzten Monaten hat sich diese Familie ihr gegenüber zunehmend feindseliger verhalten.

»Das kommt daher, daß ich nicht immer mit meinem Freund ausgehen will. Er verhält sich auf Festen sehr zudringlich, und darum gehe ich ab und zu allein aus ... Und das darf nicht sein ...«

Es gab Streit, und Fatima ging zu ihren eigenen Eltern zurück, wo sie jetzt wohnt.

»Aber ich mag ihn wirklich!«

Die Ärztin bekommt den Eindruck, daß das Mädchen eigentlich keine Abtreibung möchte, und sagt das auch. Fatima lächelt und nickt.

»Ich will erst einmal mit deinem Freund reden«, beendet die Ärztin das Gespräch. Das sagt sie auch dem Vater. Der macht ein zorniges Gesicht und verschwindet wortlos mit seiner Tochter.

Am folgenden Tag erscheint der Freund allein in der Sprechstunde.

»Ist deine Freundin nicht mitgekommen?«

»Die fühlt sich nicht gut. Außerdem haben Sie mich ja gebeten, zu Ihnen zu kommen.«

Frau S. erklärt die Situation und fragt, ob er wirklich glaube, seine Freundin sei ihm untreu gewesen. Der Junge, der schlecht niederländisch spricht und erst seit einigen Jahren hier ist, seufzt. Die

Ärztin erfährt, daß er lieber in der Türkei geblieben wäre, weil er dort seinen Wehrdienst leisten muß, aber Fatima wollte zurück.

»Glaubst du, daß sie mit einem anderen geschlafen hat?«

Der Junge sagt nur: »Hier ist alles anders.«

»Soll ich mal mit deinen Eltern reden?«

Noch am gleichen Tag besucht Frau S. die Eltern des Jungen. Sie erklärt, daß Fatima schon seit langem in den Niederlanden ist und sich den Gepflogenheiten der niederländischen Mädchen ein bißchen angepaßt habe. Dies bedeute aber nicht, daß Fatima untreu gewesen sei. Das Gespräch wird für die Mutter übersetzt. Diese sitzt kopfschüttelnd dabei und sieht sehr traurig aus. Mit ihrer Überredungskraft kann die Ärztin erreichen, daß die Familie die Schwiegertochter wieder aufnimmt und daß sie bei ihnen das Kind bekommen soll.

Nach diesem Gespräch ruft sie die Eltern von Fatima an und lädt sie ein, in die Sprechstunde zu kommen. Nur der Vater und Fatima kommen. Frau S. erzählt, was sie erreicht hat. Der Vater geht ganz plötzlich weg und läßt Fatima allein zurück. Fatima zuckt mit den Schultern.

Die Ärztin fragt sie: »Bist du damit einverstanden, zurückzugehen und bei den Schwiegereltern das Kind zu bekommen?«

Fatima nickt. »Ja, ich will keine Abtreibung.«

Alles verläuft so, wie Frau S. es abgesprochen hat. Nur mit Fatimas Vater ist kein Kontakt mehr zu bekommen. Einige Wochen nach der Geburt des Kindes geht der junge Vater in die Türkei, um seinen Wehrdienst abzuleisten. Er läßt nichts mehr von sich hören. Währenddessen lebt die Feindseligkeit gegen Fatima in der Familie der Schwiegereltern wieder auf. Anlaß dafür ist, daß Fatima allein auf die Straße geht. Sie flüchtet mit ihrem Kind und steht eines Abends bei Frau S. vor der Tür. Sie ist in Panik, denn sie weiß nicht, wo sie hin soll. Die Ärztin besorgt ihr einen Platz in einem Frauenhaus und nimmt Kontakt zu den Schwiegereltern auf, erinnert an die Absprache und sagt, daß Fatima einige Freiheiten zustünden. Aber der Schwiegervater und die Schwiegermutter wissen von keiner Absprache, und außerdem: »Wenn ein Kind aufzuziehen ist, gehört eine Mutter ins Haus.« Ein paar Tage später besucht die Ärztin Fatima. Das Mädchen ist völlig niedergeschlagen und verhält sich sehr distanziert. Als Frau S. wieder zu Hause ist, seufzt sie und fragt sich, ob sie wirklich vernünftig gehandelt hat.

Aufgaben

Analysieren Sie dieses Fallbeispiel an Hand der drei Aspekte des Lebensweltmodells, also:

1) Beschreiben Sie die Stellung, die Einstellungen/Werte/Normen, die Wahrnehmung der Ärztin.
2) Machen Sie das gleiche für die Sichtweise von Fatima.
3) Ebenso für die Sichtweisen von Fatimas Vater, ihrer Schwiegereltern und ihres Freundes. (Vielleicht kann nicht jeder Aspekt dieser Lebenswelten benannt werden, weil Informationen fehlen.)
4) Welche Abwehrmechanismen können Sie in dieser Geschichte entdecken? Werden diese Mechanismen von der Hausärztin als solche erkannt?
5) Vergleichen Sie nun die Aspekte der unterschiedlichen Lebenswelten miteinander. Auch die Abwehrmechanismen sollten dabei einbezogen werden.

- Wie kann man nun das Verhalten des Vaters, der Schwiegereltern und des Freundes erklären?
- Wie beurteilen Sie das Seufzen der Ärztin am Schluß?
- Was hätte sie Ihrer Meinung nach besser machen sollen?

Fallbeispiel: Anita

Anita arbeitet in einem offenen Jugendzentrum. Sie ist lebhaft, und ihre kohlrabenschwarzen Augen strahlen vor Energie. Achmed, ein türkischer Junge in ihrem Alter, ist ein treuer Besucher des Zentrums und schwärmt für Anita. Abends bringt er sie zur Bushaltestelle, und bei schlechtem Wetter wartet er oft mit einem Schirm auf sie. Anita findet das »süß«, aber auch irritierend. Sie hat Achmed bereits gesagt, daß sie einen Freund hat, aber darüber hat er nur gelacht.

An einem kalten Wintertag hört er, wie sie sagt: »Wenn's so kalt bleibt, werde ich krank. Ich habe noch nicht mal eine dicke Jacke!«

Am folgenden Tag kommt Achmed mit einer Kunstpelzjacke seiner Mutter ins Zentrum. »Du kannst diese Jacke von meiner Mutter haben, sie zieht sie sowieso nicht an.«

Anita erklärt wortreich, daß sie die Jacke nicht wolle und auch nicht brauche, und daß sie so ein schönes Geschenk nicht anneh-

men könne. Und ihren Kollegen flüstert sie zu: »Ich denke nicht daran, mit so einem Ding rumzulaufen.«

Aber dann bringt Achmed seinen Vater mit. Auch der sagt, daß Anita die Jacke annehmen müsse. Anita wird unsicher. Sie hat schon mal gehört, daß Schenken in islamischen Kulturen nicht »nur so« geschieht. Sie will Vater und Sohn wirklich nicht vor den Kopf stoßen. Der Vater bemerkt ihr Zögern, legt die Jacke auf einen Stuhl und geht. Anita hängt die Jacke in ihr Büro, zieht sie aber nie an. Achmed bringt Anita auch weiterhin zum Bus, holt sie ab und erledigt viele kleine Dinge für sie. Zwei- oder dreimal geht sie mit ihm nach der Arbeit in eine nahegelegene Kneipe. Einige Monate später fährt er in den Ferien in die Türkei. Aus Istanbul ruft er Anita an. Anita sagt: »Wie lieb, daß du anrufst, aber das hättest du nicht tun sollen.«

Nach den Ferien wird Achmed ziemlich aufdringlich. Er lädt sie zu sich nach Hause ein, doch Anita schlägt die Einladung ab. »Du vertraust mir nicht!« sagt er böse. Anita zuckt mit den Schultern und weiß sich in der Situation keinen Rat.

Aufgaben

1) Gehen Sie zunächst von sich selbst aus. Wieweit können Sie sich das Verhalten von Achmed erklären, und wie finden Sie die Reaktionen Anitas? Verwenden Sie dazu das Lebensweltmodell.
2) Welche Abwehrreaktionen können Sie an diesem Fallbeispiel erkennen, und wie wird damit umgegangen?
3) In diesem Fallbeispiel geht es gewissermaßen um Anitas Ehre und um die Ehre von Vater und Sohn. Wie gehen die Beteiligten damit um? Finden Sie, daß Anita sich in dieser Hinsicht eindeutig verhält? Achten Sie auf ihre Sprache!
4) Was hielten Sie davon, wenn Anita auf das Schenken der Jacke geantwortet hätte: »Mein Vater will nicht, daß ich so eine Jacke trage. Er meint, ich bin zu jung dafür.« Begründen Sie Ihre Antwort.

Am Ende weiß Anita sich keinen anderen Rat, als ihren Freund kommen zu lassen, weil sich Achmed noch immer um sie bemüht. Am Tag darauf holt sich Achmed mit viel Spektakel die Jacke zurück. Er ist sichtlich böse und enttäuscht.

4. Faustregeln und das Drei-Schritte-Modell

Im vorangehenden Abschnitt ist der Rahmen angegeben, in dem sich Gespräche abspielen. Dabei habe ich das interkulturelle Gespräch ins Zentrum gestellt. Als eine Art Zusammenfassung führe ich nun einige *Faustregeln* für Gespräche mit Migranten auf. Im zweiten und dritten Teil des Buches werden sie näher spezifiziert. Das Kapitel werde ich mit einem methodischen Modell abschließen.

1) Verständnis und Geduld haben, weil die Migranten unsere Sprache oft nur unvollkommen beherrschen. Es kann notwendig sein, einen Dolmetscher einzuschalten. Man sei sich aber bewußt, daß auch ein Dolmetscher seine eigene Lebenswelt hat und keine »Übersetzungsmaschine« ist. Mit anderen Worten: Auch ein Dolmetscher interpretiert, und er kann falsch interpretieren. Auch in Gesprächen mit einem Dolmetscher ist es wichtig, sich immer an den Gesprächspartner zu richten. An seinen Reaktionen ist meist abzulesen, wie er die Worte des anderen aufnimmt. Selbst wenn ein Migrant (und das gilt auch für den Dolmetscher) sich in unserer Sprache gut ausdrücken kann, so bleibt es doch eine erlernte Sprache. Deshalb ist es fraglich, ob unsere Wörter für alle auch die gleichen (emotionalen) Bedeutungen haben.

2) Man frage sich, ob der Gesprächsgegenstand nicht allzu fremdartig für den anderen ist. Weiß er wirklich, worum es geht? Von seiner Lebenswelt her (Gefühl für Ehre, das problemlose Anerkennen von Autorität) neigt der Migrant schnell dazu, so zu tun, als verstünde er alles. Man achte bei diesem Problem auch auf non-verbale Signale. Zudem kann das schnelle »Ja-sagen« auch ein »So-tun-als-ob« bedeuten. Eine Abwehrreaktion, die mit beabsichtigter und unbeabsichtigter Kommunikation zusammenhängt.

3) Man sei sich dessen bewußt, daß man meist (vor allem bei Lebens- und Familienproblemen) »situationsgebunden« kommuniziert. Vor allem Migranten, für die Gruppenbindungen so wichtig sind, kommunizieren aus der Situation ihrer Gruppe heraus. Die Gruppe ist im Gespräch oft implizit mit dabei. Auch eigene (Migranten)Erfahrungen tragen zum Hintergrund des Gesprächs bei. Nonverbale Signale können auch hier auf die Spur impliziter Kommunikation führen.

4) In jedem Gespräch ist neben der Inhaltsebene auch die Beziehungsebene wichtig. Das Gefühl für Beziehungen ist bei Migranten oft stärker entwickelt als bei uns. Sie verwenden darauf viel Energie. Im Gespräch mit der Tür ins Haus zu fallen, paßt nicht in die Kultur der Migranten. Ein interkulturelles Gespräch braucht daher Zeit. Diese Zeit sollte man sich nehmen.

5) Man muß immer berücksichtigen, daß die Lebenswelt der Migranten sich von der unseren unterscheidet. Das gilt sowohl für die Lebensgeschichte und die Lebenserfahrungen jedes einzelnen als auch für die Auffassungen von hierarchischen Beziehungen und für die Auffassungen davon, was richtig und falsch, normal und unnormal, wahr und unwahr ist. Darüber sollte man einiges wissen. Im zweiten Teil des Buches werde ich auf dieses Thema noch gesondert eingehen.

6) Wenn man dem Gesprächspartner gut zuhört, bekommt man Informationen über die Aspekte seiner Lebenswelt, namentlich darüber, welcher Aspekt ihm am meisten zu schaffen macht. Auf der Basis dieser Information kann man das Gespräch strukturieren und sozialarbeiterische Interventionen planen.

7) In Gesprächen mit Migranten sollte man mit der Möglichkeit von Abwehrreaktionen (auch eigener) rechnen. Was steht hinter Aggression, Depression, Schweigen, Rückkehrträumen usw.?

Tatsächlich geht es also immer um drei Punkte:

1) man selbst, als Gesprächsführer oder Sozialarbeiter mit der eigenen Lebenswelt,
2) die Lebenswelt des Gesprächspartners/Hilfesuchenden,
3) die Planung einer Vorgehensweise.

In der Einleitung habe ich darauf hingewiesen, daß diese Punkte der rote Faden meines früheren Buches sind. Dort habe ich vor allem das Lebensweltmodell ausführlich erläutert. In der Einleitung nannte ich auch das kürzlich erschienene Buch von D. Pinto, der die genannten drei Punkte in seinem vierten Kapitel detailliert zu einem Drei-Schritte-Modell ausgearbeitet hat.

(Ich empfehle das Buch von Pinto wegen seines Inhaltsreichtums und wegen seiner klaren Zielsetzung!)

Ich übernehme seine Terminologie, um das Lebensweltmodell bei der Bearbeitung der Fallbeispiele in diesem Buch anwenden zu können.

Zusammengefaßt geht es bei diesem Drei-Schritte-Modell um folgendes:

1) Man achte auf die eigene Position, auf die von der eigenen Kultur bestimmten Normen und Werte, auf die eigenen Gefühle und Erfahrungen, auf die Regeln und Codes, die das eigene Denken und Handeln bestimmen.

2) Man achte darauf auch beim Gesprächspartner.
Wenn man diese beiden Schritte gemacht hat, kann man die eigene Meinung über die Mitteilungen und über das Verhalten des anderen von den Fakten unterscheiden. Man kann dann das »Fremde« überprüfen, das man im Gespräch oder auf Grund des Verhaltens wahrzunehmen meint.

3) Dann kann man bestimmen, was in der gegebenen Situation zu tun ist, wie die unterschiedlichen Aspekte der Lebenswelt aussehen, worauf man zunächst eingehen will, wie man dem anderen am besten gerecht wird und wie man ihm helfen kann.

Dabei ist auch wichtig, sich selbst zu fragen, wie weit die eigenen Möglichkeiten reichen und wo die eigenen Grenzen, auch die emotionalen Grenzen, sind. Dies deutlich zu machen, ist wesentlich bei diesem letzten Schritt.

Teil 2

Vor dem Hintergrund dessen, was im ersten Teil besprochen wurde, geht es jetzt intensiver und spezifischer um Gesprächssituationen mit Migranten.

Die Themen sind:

- Die wichtigen kulturellen Unterschiede
- Die Situation, Migrant oder das Kind von Migranten zu sein
- Ein Exkurs über Diskriminierung und Rassismus
- Körpererfahrung, Sexualität, Krankheit und Gesundheit
- Die Situation der Migranten-Familie

5. Wichtige kulturelle Unterschiede

5.1 Ein allgemeiner Überblick

Kultur ist ein zusammenhängendes Ganzes von Einstellungen und Verhaltensweisen, das Menschen befähigt, miteinander umzugehen und ihr Leben als sinnvoll zu erfahren. Menschen und Dinge erhalten so ihren jeweiligen Platz im Leben des Einzelnen. Durch die Kultur, in der wir aufgewachsen sind, schreiben wir den Menschen und Dingen um uns herum und unserer Arbeit bestimmte Bedeutungen zu. Und weil das so ist, gehen davon Ansprüche an unser Verhalten aus: Aufgrund unserer Kultur müssen wir uns in bestimmter Weise verhalten. Die gleichen Gegebenheiten sind daher in anderen Kulturen an andere Einstellungen und Verhaltensweisen gekoppelt. Tatsächlich sind die Probleme von Migranten nicht nennenswert anders als unsere eigenen, sie werden oft nur anders erlebt. Und mit diesem Erleben wird der Sozialarbeiter als Realität konfrontiert, denn was Menschen erleben, das erfahren sie als die Realität. Darum müssen wir in Gesprächen mit Menschen aus anderen Kulturen die andersartig gefärbte Erfahrung sehr genau berücksichtigen.

Die Beschreibung von Unterschieden zwischen Kulturen ist jedoch mit einer Reihe von Gefahren verbunden.

Eine erste Gefahr besteht darin, daß die Beschreibung die Unterschiede zu sehr betont und das Faktum vernachlässigt wird, daß alle Menschen die gleiche Skala von Gefühlen und Möglichkeiten haben. Jede Kultur modifiziert das Spektrum der Gemeinsamkeiten in bestimmter Weise, aber total andersartige Menschen gibt es nicht.

Eine zweite Gefahr besteht darin, daß wir unsere eigene Kultur als die einzig richtige und beste verabsolutieren. Das kann dazu führen, daß Rassismus und Diskriminierung sehr schnell Realität werden.

Eine dritte Gefahr besteht darin, anderen Kulturen völlig unkritisch gegenüberzutreten. Das kann beispielsweise aus einem Schuldgefühl heraus geschehen. Migranten werden eben durch ungerechte ökonomische Bedingungen gezwungen, in unser reiches Land zu kommen. Aus Schuldgefühlen können irreale Vorstellungen und unverantwortliche positive Diskriminierungen entstehen. Man sieht dann nicht mehr, daß jede Kultur ihre eigenen Auffassungen und Verhaltensweisen hat, mit guten, weniger guten und auch mit schlechten Seiten. Obendrein gibt es in jeder Kultur freundliche und unfreundliche, fleißige und faule, liebende und hassende, kooperative und egoistische Menschen.

Eine vierte Gefahr besteht darin, eine Kultur als statisch und unveränderlich zu sehen. Man ist dann blind für Unterschiedlichkeiten und Entwicklungen innerhalb einer Kultur. Man etikettiert die Menschen und stellt schlicht fest: In dieser Art von Kultur verhalten sich Menschen auf diese oder jene Weise. In der interkulturellen Kommunikation kann man sich dann leicht festfahren, weil der Gesprächspartner nicht (oder nicht ganz) in das eigene Bild paßt.

Die Gefahr der Überschätzung kultureller Unterschiede darf jedoch nicht dazu führen, diese Unterschiedlichkeiten zu unterschätzen. Das würde dem Werte-Aspekt der jeweiligen Lebenswelt nicht gerecht werden.

Im Folgenden bespreche ich einige der typischen kulturellen Unterschiedlichkeiten. Als Hintergrund verwende ich die m.E. sehr einleuchtende Unterscheidung Pintos zwischen mediterranen bzw. orientalischen und westlichen Kulturen: Die modernen westlichen Kulturen sind grobmaschig (G-Kultur) und die traditionellen nicht-westlichen Kulturen sind feinmaschig (F-Kultur).

Das bedeutet:

In G-Kulturen sind die Menschen zuallererst Individuen, die für ihr eigenes Verhalten verantwortlich sind. Man kommuniziert sehr explizit und selbstsicher. Die Menschen müssen ihr Verhalten selbst bestimmen.

In F-Kulturen spielt das Eingebundensein in eine Gruppe eine sehr große Rolle. Menschen sind vor allem anderen Gruppenmitglieder und für die Interessen der Gruppe verantwortlich. Die Kommunikation ist häufig implizit (die Situation verbirgt sich hinter den Worten). Das Verhalten der Menschen ist zu großen Teilen durch detaillierte Verhaltensregeln festgelegt.

Die Identität in einer G-Kultur, fügt Pinto hinzu, wird durch die Werte und Normen des Einzelnen bestimmt, durch die eigene Sinngebung für das Leben.

In einer F-Kultur wird die Identität des Einzelnen durch seinen Platz innerhalb der Gruppe und durch deren Werte, Normen und Sinngebungen bestimmt.

Im Bezug auf unsere G-Kultur möchte ich dem hinzufügen:

- Unsere G-Kultur kann man als eine Art »Verhandlungswirtschaft« (dieses Wort stammt von A. de Swaan) charakterisieren: Wir verhandeln miteinander auf der Basis der Gleichheit, der Verantwortlichkeit eines jeden, der je eigenen Individualität und Autonomie.
  Die F-Kultur ist mehr eine »Befehlswirtschaft«, in der Gehorchen selbstverständlich ist, ebenso wie der Respekt vor der Autorität und den Autoritäten.
- Unsere G-Kultur basiert vor allem auf persönlicher Freiheit und Vernunft. Intuition und Religion sind Werte, die nicht unmittelbar im Zentrum unserer Lebenswelt stehen.
  In einer F-Kultur steht die Religion häufig sehr im Zentrum, die Vernunft wird mit dem religiösen Kult gekoppelt, und die Freiheit ist an die Gruppe gebunden. Es sind typische Familienkulturen.
- In unserer G-Kultur wird Prinzipien wie Vitalität, Jugend, Fortschritt und Dynamik starke Beachtung geschenkt. Das Alter, das Nicht-Dynamische und der Tod werden an den Rand der Gesellschaft geschoben.
  In einer F-Kultur gehört der alternde Mensch zur Gruppe dazu. Man ist weniger empfänglich für den dynamischen Fortschritt, der den traditionellen Werten gefährlich werden könnte.
- In der G-Kultur haben sich neben soziologischen Interessen auch die psychologischen stark entwickelt (Berücksichtigung der Individualität).
  In der F-Kultur gibt es wegen der Bindungen an die Gruppe ein geringeres Interesse an Psychologie. Man muß im Rahmen der Erwartungen der Gruppe gut funktionieren. Die individuellen Reaktionen und Reflexionen sind dem untergeordnet.
- In der G-Kultur haben die Wissenschaften einen sehr detaillier-

ten und fragmentarisierten Blick auf Mensch und Gesellschaft entwickelt, oft zu Lasten einer Gesamtschau.
In einer F-Kultur sind die Wissenschaften weniger entwickelt. Die Beschäftigung mit dem Menschen ist daher weniger »zersplittert«. Es geht mehr um ein ganzheitliches Erleben des eigenen Menschseins. (Beispielsweise: »Ich bin krank, überall krank, vor allem in meinem Kopf.« Damit drückt jemand aus, daß er Kopfschmerzen hat!)

Der Hintergrund dieser Unterschiede

Es ist interessant zu verfolgen, woher diese Unterschiede kommen.

Die ökonomische Situation in G-Kulturen ist so, daß der Bestand der Gruppe als solcher nicht bedroht ist. Wenn ein Individuum sich »ausklinkt«, ist die Existenz der Gruppe nicht gefährdet. Die Gesellschaft kann solchen Individuen sogar helfen und sie aus dem ökonomischen Überfluß unterstützen (vgl. unsere Sozialgesetzgebung). Auf diese Weise realisieren wir unsere humanen Werte. Wegen der Dynamik und der schnellen Veränderungen in diesen Kulturen ist die Weisheit und die Erfahrung der Älteren nicht sehr wichtig.

In F-Kulturen ist der ökonomische Kampf um den Bestand der Gruppe viel härter. Jedes Individuum wird gebraucht, um gemeinsam den Kopf über Wasser (oder über dem Wüstensand) halten zu können. Die Bewegungsfreiheit des Individuums ist nicht groß. Ein Individuum, das sich »ausklinkt«, ist eine Last, dem nur mit großer Anstrengung – und dann auch meist nur im Familienverband – geholfen werden kann. Daher ist es in diesen Kulturen oft schwierig einzusehen, daß Behinderte als Menschen wertvoll sind. Man kann sich das nicht erlauben. Die Weisheit und Erfahrung der Älteren ist sehr wohl wichtig für den Weiterbestand der traditionellen Gesellschaft und um mit unerwarteten Problemsituationen fertig zu werden.

Konsequenzen für die Situation jugendlicher Migranten

Ich möchte bereits hier die Aufmerksamkeit auf die Situation jugendlicher Migranten lenken (weiteres dazu im Kapitel 7). Sie

wachsen zu Hause in einer F-Kultur auf, sind aber in der Schule und auf der Straße mit einer G-Kultur konfrontiert. Obendrein ist diese G-Kultur, in der sie sich einen Platz sichern sollen, dominierend. Sie stehen daher vor der Aufgabe, eine Art *Zwischenkultur* zu entwerfen, wobei die Solidarität mit der eigenen Gruppe und das Verlangen nach individueller Freiheit und Entwicklung miteinander konkurrieren (vgl. das Problem des Mädchens aus Marokko im dritten Kapitel).

In der Kommunikation mit diesen Jugendlichen ist es von essentieller Bedeutung, diese konkurrierenden Positionen anzuerkennen, um den Jugendlichen beim Erwerb einer akzeptablen Zwischenkultur helfen zu können. Eine große Rolle spielt dabei selbstverständlich die Aussicht auf Arbeit. Gibt es die nicht, ist die Sinnfrage für diese Jugendlichen sehr problematisch. Aggression oder Depression sind dann häufig der einzige Ausweg (vgl. die Bedeutung von Abwehrreaktionen, die in Kapitel 3 aufgeführt sind).

5.2 Wichtige spezifische Unterschiede der Kulturen

Um deutlich zu machen, was G- und F-Kulturen beinhalten, habe ich bisher ein eher globales Bild dieser Kulturen entworfen. Vom Lebensweltmodell ausgehend, werde ich nun die kulturellen Unterschiede spezifischer betrachten. Dabei geht es um die ersten beiden Aspekte der Lebenswelt, weil sich durch diese Aspekte die Kultur konstituiert. Der dritte, subjektive Aspekt kommt – soweit sich darüber etwas Allgemeines sagen läßt – in den Kapiteln 6 und 7 zur Sprache. Dort werde ich individuelle Verhaltensmuster als Konsequenzen des Migrantseins behandeln.

Im Folgenden beschränke ich mich auf Unterschiede, die im Rahmen dieses Buches zu behandeln sind. Für eine vollständigere Auseinandersetzung mit kulturellen Unterschieden verweise ich auf die einschlägige Literatur.

5.3 Kulturelle Unterschiede mit Bezug auf Positionen und Hierarchie

Die Ingroup und die Outgroup

Bei Menschen aus F-Kulturen fällt besonders das starke Gruppengefühl auf und die große Treue, die sie den Mitgliedern der eigenen Gruppe entgegenbringen. Es ist nun aber nicht so, daß sich alle diese Menschen als Mitglieder einer einzigen Gruppe fühlen. Sie teilen sich in eine große Zahl intimer Gruppen auf, die sich scharf von den jeweils anderen unterscheiden. Daher ist es auch besser, nicht von einer Gruppenkultur, sondern von einer Familienkultur zu sprechen. Die Familie ist tatsächlich eine Welt für sich, die ihre eigene Intimität gegen die Mitglieder anderer Gruppen abschirmt. Für Migranten gilt darüber hinaus, daß sie ihre Familie vor allem gegen die dominierenden Gruppen der Gesellschaft abschirmen.

Man spricht daher von einer Ingroup und einer Outgroup. Bei aller mediterranen und orientalischen Gastfreundschaft ist es wichtig für den Gast, daß er sich bewußt bleibt, ein Fremder zu sein, möglicherweise ein Eindringling.

In F-Kulturen haben Kontakte mit anderen oft einen sehr nüchternen Aspekt: Gibst du mir was, gebe ich dir was. So wird Deutlichkeit und Sicherheit für die Ingroup hergestellt. Auch das Schenken hat oft damit zu tun (vgl. das Fallbeispiel »Anita« im Kapitel 3). Wenn man als Außenstehender uneigennützig auftritt (und beispielsweise keine finanzielle Gegenleistung will), wird das zumindest als etwas Eigenartiges wahrgenommen.

Daher ist es auch nicht merkwürdig, daß in F-Kulturen für feste, freundschaftliche Beziehungen oft die Bezeichnungen für Verwandtschaftsverhältnisse verwendet werden. Damit wird ausgedrückt, daß man wirklich zur Ingroup gehört. Pinto sagt, daß in diesen Kulturen Freundschaften nur selten deshalb geschlossen werden, weil der andere »nett« ist. Und: »Altruismus kommt dort noch seltener vor als in den G-Kulturen.«

In G-Kulturen begegnet man sich eher als Individuum, und Unterschiede zwischen Ingroup und Outgroup werden weniger deutlich wahrgenommen.

Eine Folge davon ist (und das deutet auf den ökonomischen Hintergrund kultureller Unterschiede hin, der am Anfang dieses

Kapitels angesprochen wurde), daß ehrenamtliche Arbeit in F-Kulturen oft eine sehr ungewöhnliche Erscheinung ist, vor allem wenn sie sich mit der Outgroup befaßt.

Eine andere Konsequenz besteht darin, daß der Sozialarbeiter immer von außen an die Familie herantritt und obendrein nicht bezahlt werden muß. Er sollte sich dieser Sonderstellung sehr genau bewußt sein. (Weiteres dazu in Kapitel 9).

Aufgaben

Der Unterschied zwischen In- und Outgroup ist uns auch nicht fremd.

Prüfen Sie, wo Ihnen dieser Unterschied in Ihrem Leben begegnet ist, wie Sie damit umgegangen sind und wo die Unterschiede zur F-Kultur liegen.

Status und Ansehen

Status und Ansehen sind in G-Kulturen vor allem individuell bestimmt (dadurch, etwas individuell geleistet zu haben). In F-Kulturen sind sie viel stärker an die Gruppe gebunden. Ein Beispiel: Als Vater hat man einen bestimmten Status. Hat nun ein Vater sein Kind geschlagen und wird deshalb von einem Sozialarbeiter aufgesucht, sollte dieser dem Vater nicht das Gefühl vermitteln, kein guter Vater zu sein. Das würde seinen Status mindern, und die Kommunikation wäre sofort gestört.

Wenn ein Vater seine Familie verläßt, um im Ausland zu arbeiten, darf ihm das auf keinen Fall mißlingen. Die Investition des Mannes, nämlich seine Vateraufgaben vorübergehend nicht wahrzunehmen, wäre dann sichtbar sinnlos, was Gesichtsverlust und Ehrverlust zur Folge hätte. Arbeitslosigkeit ist daher für Migranten besonders hart.

Als Sozialarbeiter (auch als Lehrer, Krankenpfleger, Arzt usw.) hat man ebenfalls einen bestimmten Status. In unserer demokratischen Gesellschaft gehen wir mit dieser Tatsache oft scheinbar gleichgültig um (das zeigt sich an unserer Kleidung und am Sprachgebrauch: man sagt schnell »du« und nicht »Sie«). Einem Migranten kommt das vielleicht seltsam vor.

Aufgaben

Haben Sie schon einmal darüber nachgedacht, daß Ihr (zukünftiger) Beruf Ihnen einen bestimmten Status verleiht? Ist das für Sie wichtig oder nicht? Wie gehen Sie damit um? Wie soll man den eigenen Status im Umgang mit Migranten einbeziehen? Wie sollte man das Gespräch mit einem Vater, der sein Kind geschlagen hat, beginnen?

Rollen

Rollen werden hier als Erwartungen der Gesellschaft verstanden, denen das Individuum genügen muß.

Macht und Autorität sind mit Rollen verbunden. Das gilt für die Rolle des Mannes, die Rolle der Frau, aber auch für die Berufsrolle und die Rolle im Freundeskreis oder in einem Verein. Menschen bekleiden im Laufe ihres Lebens unterschiedliche Rollen. Es dürfte klar sein, daß in familialen Kulturen die Rollen stärker festgelegt sind als in G-Kulturen. In F-Kulturen werden Menschen eher entsprechend ihren Rollen eingeschätzt und anerkannt. Auch die konkrete Ausfüllung der Rolle (die Art und Weise, wie man sich zu verhalten hat) ist stark von der Kultur bestimmt. In Kapitel 9 komme ich im Zusammenhang mit Rollen in der Familie darauf zurück. Das Ausfüllen einer Rolle in einer bestimmten Situation schafft Klarheit: Man weiß, was man an dem anderen hat; seine Position ist deutlich.

Aufgaben

Überlegen Sie sich, welche Rollen Sie ausfüllen. Welche Inhalte haben diese Rollen in bezug auf Macht und Autorität? Was bedeutet Ihre (zukünftige) Berufsrolle für Sie? Welche Einschränkungen erfahren Sie durch die unterschiedlichen Rollen? Wird man in F-Kulturen eine Unfreiheit auf gleiche Weise erleben? Welche Anforderungen stellt die Rolle des Sozialarbeiters für das Gespräch mit Migranten?

5.4 Kulturelle Unterschiede mit Bezug auf Einstellungen, Werte und Normen

Erziehung

In der Erziehung lernt jeder Mensch, sich in die Gemeinschaft einzufügen, in der seine Eltern zu Hause sind. Das nennt man Sozialisationsprozeß, der außerdem durch individuelle Erfahrungen im Jugendalter beeinflußt wird. Alles, was bisher angeführt wurde, ist tatsächlich Resultat von Erziehung. In diesem Abschnitt möchte ich mich nun mit den Inhalten der Erziehung beschäftigen.

In G-Kulturen geht es vor allem um ein Ideal: Erziehung zur Selbständigkeit. In F-Kulturen dagegen schenkt man der Erziehung zu einem guten und vertrauenswürdigen Gruppenmitglied viel Aufmerksamkeit. In diesen Kulturen ist es wichtig, daß das Kind gehorcht, daß es lernt, die Gruppen- bzw. Familiennormen einzuhalten, und daß es weiß, wie man mit der Privatsphäre der Familie umzugehen hat. Das Erziehungsmuster ist ziemlich festgelegt. Es muß mit Kindern nicht diskutiert werden. Nachdenken über einen vernünftigen pädagogischen Ansatz ist nicht nötig, weil der Rahmen der Erziehung klar ist.

Es ist daher auch nicht selbstverständlich, die individuellen Besonderheiten von Kindern zu berücksichtigen. Kinder finden selbst ihren Weg innerhalb der Familie und der Verwandtschaft. Ihr Verhalten muß nicht zu Hause spielerisch eingeübt werden. Zudem hält sich der Vater vor allem außerhalb der Familie auf, und die Mutter hat mit ihrem oft kinderreichen Haushalt alle Hände voll zu tun.

Dazu kommt, daß man in F-Kulturen auf die eigentliche Wohnung weniger Wert legt als in der niederländischen G-Kultur. In F-Kulturen kennt man keine wirkliche »Wohnkultur«.

Aufgaben

Untersuchen Sie, was die wichtigsten Werte und Normen in Ihrer eigenen Erziehung waren.

Was finden Sie an den Erziehungsidealen der F-Kulturen positiv, und was ist negativ?

Warum wird (körperliche) Bestrafung in G- und F-Kulturen unterschiedlich erlebt?

Schreiben Sie die wichtigsten Punkte auf, die Ihnen bei Kontakten mit Familien von Migranten aufgefallen sind. Was sind Ihre Meinungen dazu? Machen Sie einen Unterschied zwischen Meinungen und Fakten.

Was halten Sie von einer Spieltherapie für Kinder von Migranten? Oder davon, daß ein Sozialarbeiter in einer Familie von Migranten mit den Kindern spielt, um deren Eltern ein Vorbild zu geben?

Religion

Die Religion hat von ihrer Rolle als wichtiger gesellschaftlicher Faktor in der niederländischen G-Kultur viel eingebüßt. In den islamischen F-Kulturen hat Religion oft eine große Bedeutung als Orientierungsrahmen für die Gruppe und die Gruppenmitglieder. Der Islam wehrt sich gegen die Einflüsse aus dem Westen. Der aufkommende Fundamentalismus (das strikte Festhalten am Koran und an der Tradition) und seine große politische Bedeutung sind ein Zeichen dafür.

Wenn Mädchen ein Kopftuch tragen, so wird das in G-Kulturen oft viel zu schnell als Unterdrückung der Frau abgetan. Dabei wird oft nicht bedacht, daß islamische Kulturen das Gefühl haben, ihre Identität gegen westliche Ausbeutung und Zudringlichkeit verteidigen zu müssen. Und das Tragen des Kopftuchs ist ein äußeres Zeichen dieser Identität.

Zudem ist der Islam eine sehr soziale Religion: Er verbindet die Menschen. Eine Moschee ist stärker als eine Kirche sozialer Mittelpunkt von Menschen. Die Trennung von Kirche und Staat ist für Marokkaner beispielsweise etwas Fremdes. Türken, die eine westliche Verfassung kennen, haben oft große Mühe damit, diesen Aspekt in ihrer eigenen Verfassung zu akzeptieren.

Aufgaben

Ermitteln Sie die hauptsächlichen Elemente des Islam.

Wie gehen Sie damit um, wenn Ihre Gesprächspartner Argumente benutzen, die auf religiösen Überzeugungen beruhen? Beispiel: »Ich werde meine Tochter nicht weiter zur Schule gehen las-

sen. Nach meiner religiösen Überzeugung gehört ein Mädchen in den Haushalt der Familie.«

Welche Probleme kann der Ramadan in unserer Gesellschaft verursachen? Wie sollte man damit umgehen? Was meinen Sie?

Scham und Schuld, Ehre und Ehrlichkeit

Diese Unterscheidungen werden zu Recht angewendet, um die Unterschiede zwischen F- und G-Kulturen zu zeigen. Der Kern der Unterschiedlichkeit liegt in der großen bzw. geringen Verbundenheit mit der Gruppe. In einer F-Kultur fühlt man sich wegen seines inakzeptablen Verhaltens nicht eigentlich schuldig, vielmehr schämt man sich, weil durch dieses Verhalten die eigene Gruppe geschädigt wurde oder die eigene Ehre einen Knacks bekommen hat. Im Konflikt zwischen Ehre und Ehrlichkeit entscheidet man sich meist für die Ehre. Das Gewissen funktioniert also in beiden Kulturen unterschiedlich. Wenn jemand aus einer G-Kultur im Gespräch einen anderen bei einer Unwahrheit ertappt, dann wird schnell gesagt, der andere sei ein Lügner oder er habe es faustdick hinter den Ohren. Bezogen auf Menschen aus einer F-Kultur ist das eine sehr gefährliche Interpretation, um nicht zu sagen eine Fehlinterpretation. In islamischen Kulturen ist Diebstahl ein schweres Vergehen. Jemand, der etwas gestohlen hat, wird dies um jeden Preis leugnen, und zwar weil er sich schämt, kein guter Muslim zu sein, nicht weil er sich wegen der Missetat schuldig fühlt.

Bisher ist schon einige Male auf die Bedeutung der Privatsphäre hingewiesen worden. Sie muß gegen fremde Blicke und Fragen abgeschirmt werden. Dabei geht es um die Verteidigung der Ehre. In F-Kulturen ist man da viel empfindlicher als in unserer G-Kultur. Um seine Ehre zu schützen, um einen anderen von allem fernzuhalten, was sich in der eigenen Gruppe abspielt, wird ein Migrant Ausflüchte und ausweichende Antworten suchen. Erst wenn ein gewisses Vertrauensverhältnis entstanden ist, wird mehr Offenheit möglich.

Bei Konflikten geht es auch oft um Gesichtsverlust und Ehre. Vor allem dann, wenn ein Migrant spürt, daß er schlechte Chancen hat, wird er entweder den Konflikt mit Hilfe anderer Gruppenmitglieder zu lösen versuchen (und so in seiner Gruppe untertauchen), oder er wird einen Vermittler hinzuziehen. Dann ist es nicht nötig,

in einer persönlichen Konfrontation den Gesichtsverlust zu riskieren.

Für Sozialarbeiter ist das eine wichtige Information. Man kann allgemein feststellen, daß die Beziehungsebene stärker akzentuiert wird als die inhaltliche Ebene. Man achtet mehr darauf, wie etwas gesagt wird, und weniger darauf, was gesagt wird. Und oft sind Migranten Meister darin, in das »Wie« ihres Sprechens auch das »Was« einfließen zu lassen.

Aufgaben

Finden Sie heraus, in welchen Situationen auch für uns »Ehre« wichtiger ist als »Ehrlichkeit«. Warum ist das so?

Worin können Ihre Antworten von dem normalen Verhalten in der F-Kultur abweichen?

Unsere G-Kultur wurde schon als »Schuldkultur« bezeichnet. Können Sie das erläutern? Entspricht das auch Ihren Erfahrungen?

Lügen heißt, die Unwahrheit zu sagen. Die Frage ist, was in Wirklichkeit unwahr ist. Beantworten Sie diese Frage aus der Sicht der G-Kultur und aus der Sicht der F-Kultur.

In der vierten Faustregel für die gute interkulturelle Kommunikation (Kapitel 4) ging es darum, sich Zeit zu nehmen für das Gespräch mit Migranten. Können Sie das auf Grund des bisher Gesagten näher erläutern?

5.5 Zum Schluß

In diesem Abschnitt sind eine Reihe wichtiger Unterschiede zwischen G- und F-Kulturen vorgestellt worden. Im folgenden Kapitel komme ich darauf zurück und werde, soweit nötig, auf erforderliche Ergänzungen hinweisen. Der beste Informant über die andere Kultur ist übrigens oft der Gesprächspartner! Vor allem über seine nonverbalen Signale kann man viel herausfinden. Der unachtsame Umgang mit kulturellen Unterschieden ruft beim anderen Abwehrreaktionen hervor, die ein Gespräch gründlich blockieren können. Darum habe ich das hier so ausführlich dargestellt. Es wird Ihnen nicht entgangen sein, daß dies vor allem an den Aufga-

ben und an der Drei-Schritte-Methode zu erkennen ist, vor allem am ersten und zweiten. Man braucht ein Gespür für die von der eigenen Kultur bestimmten Positionen, Auffassungen, Werte und Normen und für die des Gesprächspartners. Das ist in jedem Gespräch unbedingt erforderlich, wenn es zu einem guten Ergebnis führen soll, besonders wichtig aber in interkulturellen Gesprächen. Auch hier gilt unbestreitbar das arabische Sprichwort: Mit einer Hand kann man nicht klatschen.

Fallbeispiel: Fatima

Fatima wurde in ein psychiatrisches Krankenhaus eingewiesen. Sie hatte zu Hause, in ihrem Zimmer, einen Selbstmordversuch begangen. Die Mutter hatte sie rechtzeitig entdeckt. Ihr Vater war daraufhin mit ihr zum Hausarzt gegangen. Sie erschien dort sehr verstört und verhielt sich wild und aggressiv. Auf Anraten des Hausarztes ging sie in eine nahegelegene psychiatrische Klinik.

Sie ist siebzehn Jahre alt und die Älteste von drei Mädchen. Die Familie stammt aus Marokko. Der Vater kam vor zwanzig Jahren in die Niederlande, zur Zeit ist er arbeitslos. Er hat in Marokko geheiratet, die Kinder sind dort geboren. Vor fünf Jahren hat der Vater seine Familie in die Niederlande geholt. Sie wohnen in einer ziemlich guten Wohnung, aber die Miete ist sehr belastend. Jeden Monat schickt der Vater Geld an seine Mutter, die Witwe ist. Nach Fatimas Aussage braucht sie das Geld allerdings nicht.

In der Klinik zeigt sich, daß Fatima oft von ihrem Vater geschlagen wird. Der Vater gönnt ihr keinerlei Freiheiten. Fatima besucht die dritte Klasse der Mittelschule. Sie möchte die Mittelschule gern beenden, aber ihre Leistungen sind eher dürftig. Ihr Vater meint, daß Lernen nur Unsinn sei.

In der Klinik findet ein Gespräch mit Fatimas Eltern statt. Dabei wird auch das Schlagen angesprochen. Der Vater sagt nichts dazu. Auch Fatima hält den Mund. Das einzige, was den Vater beschäftigt, ist die Sorge um die Jungfräulichkeit seiner Tochter. Zudem kann er nicht akzeptieren, daß sie »solche Jungenhosen« trägt. Dagegen protestiert Fatima heftig. Als jemand darauf hinweist, dies sei aber doch nicht das Problem, versinkt der Vater in Schweigen.

In ihrer Gruppe fühlt sich Fatima nicht wohl. Sie zieht sich oft in eine Ecke zurück. Manchmal ärgert und nervt sie andere Patien-

ten. Sie ist das einzige ausländische Mädchen in der Gruppe. In den Einzelgesprächen zeigt sich Fatima sehr kooperativ, erzählt auch von ihrer häuslichen Situation, aber in der Gruppe ist ihr Verhalten problematisch.

Nach einer Woche läuft sie weg und kommt einige Tage später, grün und blau geschlagen, zurück. Dieses Muster wiederholt sich jede Woche. Man weiß sich mit ihr keinen Rat. In einer Mitarbeiterbesprechung rutscht jemandem der Satz heraus: »Dieses Mädchen ist total verrückt.«

Niemand protestiert dagegen. Man beschließt, »sich das noch eine Weile anzusehen«.

Aufgaben

1) Schreiben Sie alle Gefühle auf, die Sie beim Lesen dieses Falles empfinden.
2) Beschreiben Sie den Hintergrund dieser Gefühle. Mit anderen Worten: Was sagen Ihnen diese Gefühle über sich selbst?
3) Notieren Sie alles, was Ihnen eigenartig oder schwierig an diesem Fall erscheint.
4) Versuchen Sie, das Eigenartige oder Schwierige zu erklären.
5) Erstellen Sie eine sachliche Analyse der Situation.
6) Was würden Sie tun? Was würden Sie zu einem Behandlungsplan beitragen wollen?

Fallbeispiel: Youssef (zehn Jahre, Grundschüler)

»Youssef, schön, daß dich dein Vater heute morgen zur Schule bringen konnte. Er hat bestimmt einen freien Tag.«

»Ja ...äh ...«

»Es ist doch wohl nichts passiert?«

»Äh ... nein, er muß zum Doktor.«

»Ach, das ist aber unangenehm.«

»Er ist nicht krank.«

»Ein Glück. Ich habe mir schon Sorgen gemacht, daß er arbeitslos sein könnte. »

»Arbeitslos? ... Nein, nein, so was nicht. Er hat was am Bein, glaube ich. »

»Das scheint mir aber ziemlich belastend beim Arbeiten zu sein. Hoffentlich kann ihm der Doktor helfen.«

»Ja, ja ...« (Und Youssef rennt zum Schulhof, zu seinen Freunden.)

(Der Vater bringt Youssef auch am folgenden Morgen zur Schule.)

»Oh, da ist ja der Vater von unserem Youssef!«

»Ja, guten Morgen. Es ist so schlechtes Wetter, darum bringe ich meinen Sohn mal eben vorbei.«

»Ja, was für ein schlechtes Wetter. Schön, daß Sie ihn gebracht haben. Ich habe von Youssef gehört, daß Sie einen Tag frei hatten, wegen Ihres Beines. Ich hoffe, der Doktor konnte Ihnen helfen. »

»Einen Tag frei ... der Doktor ... Ach ja ... ist nichts passiert.«

»Ein Glück. Wenn Sie gerade hier sind: Wir machen uns einige Sorgen wegen Youssef. Würden Sie heute nachmittag um vier mit Ihrer Frau zu einem Gespräch vorbeikommen?«

»Er gehorcht Ihnen doch wohl, oder?«

»Youssef ist ein ganz artiger Junge. Aber seine Zensuren ... Ich möchte mal mit Ihnen reden.«

»Heute nachmittag ... äh ... Ja, das ginge wohl ...«

»Schön, dann erwarte ich Sie und Ihre Frau um vier.«

(Nachmittags erscheinen der Vater und die Mutter von Youssef allerdings nicht.)

»Typisch, daß sie nicht gekommen sind. Dabei hatte ich es eindeutig abgesprochen.« (Die Lehrerin zu einem Kollegen)

»Ja, diese Menschen halten sich nicht an Absprachen. Ärgerlich ist es aber doch. Man nimmt sich dafür Zeit und dann ...«

»Sie haben einen merkwürdigen Begriff von Zeit.«

»Daran werden sie sich noch gewöhnen müssen.«

»Ich werde in den nächsten Tagen noch mal versuchen, einen Termin mit ihnen auszumachen.«

Bearbeitung dieses Fallbeispiels

1) In diesen Gesprächen gibt es verschiedene Kommunikationsstörungen, die mit dem Verhältnis von Ingroup und Outgroup zu tun haben. Welche Fehlinterpretationen können Sie entdecken, und wie erklären Sie diese?
2) Welche Gefühle haben Sie beim Lesen dieses Fallbeispiels?
3) Welche Abwehrreaktionen (auch seitens der Niederländer) können Sie entdecken?
4) Haben Sie eine Erklärung dafür, warum die Familie sich nicht an die Absprache hält?

6. Erfahrungen als Migrant

Die kulturellen Verschiedenheiten, die im vorangegangenen Kapitel analysiert wurden, werden durch die beiden ersten Aspekte der Lebenswelt (Rollen, Werte und Normen) systematisch abgedeckt. Der dritte Aspekt, der subjektive, macht die Lebenswelt zur eigenen, persönlichen Lebenswelt. Bei diesem Aspekt geht es um persönliche Erfahrungen und Entwicklungen. Obwohl dieser dritte Aspekt also sehr subjektiv ist, kann dennoch Allgemeines darüber gesagt werden, soweit subjektive Erfahrungen und Reaktionen eine allgemeine Struktur erkennen lassen. Beispielsweise gehört das, was über Abwehrreaktionen gesagt wurde, hierher.

In diesem Kapitel geht es um einige allgemeine Gegebenheiten und ihre Folgen, die einen großen Einfluß auf das Erleben des Migrantseins und die entsprechenden Reaktionen von Migranten in den Niederlanden haben können.

Die Situation als Migrant ist der konkrete Kontext, aus dem heraus kommuniziert wird. Er schwingt häufig implizit in den Worten von Migranten mit (vgl. Kapitel 2 über implizite und explizite Kommunikation). Durch diese Situation erleben die Migranten die beiden ersten Aspekte der Lebenswelt. Deshalb bildet sie den Ausgangspunkt der folgenden Darlegungen. Ich werde wie folgt vorgehen:

Zunächst analysiere ich, was es für Migranten bedeutet, sich in einer neuen Situation einen Status erwerben zu müssen, und was es für sie bedeutet, das »Alte und Vertraute« zurückzulassen.

Dann untersuche ich, wie Migranten auf diese Situation reagieren können.

Daran anschließend werde ich Sie auffordern, sich eigene Migrationserfahrungen in Erinnerung zu rufen. Damit folgen wir sowohl dem ersten als auch dem zweiten Schritt der Drei-Schritte-Methode.

Am Schluß zeige ich eine Reihe von Konsequenzen, die den dritten Schritt betreffen.

Literaturhinweis: T. Graafsma/J. Tieken: »Leven in een ›condi-

cion migrante‹« (Leben unter Migranten-Bedingungen), in: P. Lamers, (Hrsg.): »Hulpverlening aan migranten« (Sozialarbeit mit Migranten), Samsom Stafleu, 1987.

6.1 Der Status von Migranten

Migranten kommen aus sehr unterschiedlichen Gründen zu uns. Ich will einige nennen:

- Materielle Verbesserung und bessere Entfaltungsmöglichkeiten; das hat mit ökonomischen Notwendigkeiten zu tun. Die Niederlande sind dann so etwas wie das Land der Verheißung.
- Gefährdung des eigenen Lebens. Es kann sich um eine politisch bedingte Gefährdung handeln, aber auch um die Unterdrükkung der Religion. Manchmal kommt beides zusammen, etwa bei Christen aus der Türkei oder aus Syrien. In diese Kategorie fallen auch Asylbewerber und Flüchtlinge.
- Familienzusammenführung. Man emigriert in die Niederlande, weil der Vater hier bereits lebt und die Familie zusammengeführt werden soll. Dabei geht es also um Frauen und Kinder und manchmal auch um die Großeltern. Das zuerst genannte materielle Motiv kann dabei auch eine Rolle spielen.

In all diesen Fällen kommen die Migranten in ein neues Land, wo sie eine äußerst schwache Position haben:

- Sie arbeiten in den niedrigsten Funktionen der Gesellschaft.
- Sie haben keine oder nur eine geringe Ausbildung.
- Sie kennen Sprache und Kultur nicht.
- Oft haben sie Heimweh nach ihrem eigenen Land. Das verringert die Motivation, sich im Ausland zu integrieren. Namentlich bei Flüchtlingen ist dieses Phänomen stark ausgeprägt.
- Rassistische und diskriminierende Tendenzen in der niederländischen Gesellschaft verhindern, daß Migranten sich einen anerkannten Status erwerben.
- Ein Neuankömmling zu sein bringt es fast immer mit sich, daß die »Etablierten« Schwierigkeiten mit den »Neuen« haben. Sie sind herausgefordert, den Fremden zum Gast zu machen (denn sonst wird aus ihm ein Feind).

Mehr dazu steht im ersten Intermezzo »Der Fremde als Gast oder Feind« meines in der Einleitung genannten Buches.

Zusammenfassung

Die Position eines Migranten (und eines Flüchtlings) ist sehr oft bedroht. Das erklärt auch die große Arbeitslosigkeit innerhalb dieser Gruppe, so unakzeptabel dieser Zustand auch ist.

Diese Situation kann bewirken, daß die Migranten *mißtrauisch* gegenüber der neuen Gesellschaft werden. Diese Gesellschaft ist so unfreundlich und so anders, daß es für einen »Außenstehenden« fast unmöglich ist, einen Zugang zu finden.

Daraus können sich auch tatsächliche Ängste ergeben: Angst, nicht akzeptiert zu werden und in dem neuen Land nicht zurechtzukommen. Abgesehen von der persönlichen Frustration führt die Nichterlangung eines annehmbaren Status auch zum Gesichtsverlust gegenüber den zu Hause Gebliebenen. Wegen des Mißtrauens und der Angst wird der Migrant bei Menschen seiner eigenen Gruppe Schutz suchen. In diesem Zusammenhang sind Migrantenorganisationen von großer Bedeutung. Allerdings besteht die Gefahr, daß sich der Betroffene vor der neuen Situation verschließt. Außerdem kann es auch zu einer Ghettobildung kommen, wodurch wiederum der Erwerb einer gesellschaftlich anerkannten Stellung in der niederländischen Gesellschaft zusätzlich erschwert wird.

6.2 Auffassungen von Wahrheit, Werten und Normen

Der Migrant hat seine vertraute Umgebung verlassen. In dieser Umgebung wußte er, woran er war. Sein Verhalten war durch seine F-Kultur mehr oder weniger selbstverständlich festgelegt. Er kannte die gesellschaftlichen Werte und Normen, die sein Leben bestimmten.

Nun kommt er in eine völlig neue Situation mit anderen Auffassungen von Wahrheit, von Werten und Normen. Das kann sehr bedrohlich sein. An einer gewissen Anpassung führt kein Weg vorbei, oder aber der Betroffene driftet in eine Ghettosituation ab. Doch wie soll er nun seine Kinder erziehen? Er sieht, daß seine Kinder sich in einer Weise entwickeln, die ihm fremd ist und die er ablehnt.

Reue kann eine psychische Reaktion darauf sein. Er trauert über das, was er verlassen hat. Wenn er sich zudem keinen guten Status erwerben konnte, führt das zu einer großen *Enttäuschung* oder sogar zu *Wut* darüber, daß er sich nicht einleben kann. Daß seine Investition vergeblich zu sein scheint. Daß ihn die Gunst des Schicksals verlassen hat. Damit sind oft auch *Schuldgefühle* verbunden. Durfte er wirklich weggehen und sein Land im Stich lassen? Durfte er die vertraute Sicherheit verlassen, selbst wenn die Situation schwierig war? Durfte er seine Kinder wirklich in solch eine neue Situation bringen?

6.3 Folgen dieses inneren Erlebens

Angst, Mißtrauen, Reue, Enttäuschung, Wut und Schuldgefühle sind Ausdruck der inneren Erlebnisse von Migranten. Für einen Flüchtling, der schreckliche Erfahrungen mit Verfolgung, Gefangenschaft oder Folter gemacht hat, sind die Erlebnisse als Migrant vermutlich noch bitterer. Wie soll man mit dieser Situation umgehen?

Wir haben bereits darauf hingewiesen, daß Migranten versucht sein können, durch Isolation mehr Sicherheit zu gewinnen. Ich nannte in diesem Zusammenhang den Rückzug in eine Art Ghetto. Aber ein Migrant kann sich auch ganz individuell von seiner Umgebung abschotten. Damit gerät er in eine *subjektive Isolierung.* Rückzug ist niemals das richtige Mittel zur Lösung von Problemen. Rückzug führt zu einem Entwicklungsstillstand und oft zur Depression. Nun ist aber die Situation von Migranten immer auch etwas isoliert. Das zeigt sich unter anderem darin, daß Migranten oft traditionsbewußter werden, als sie es zu Hause waren. Das führt leicht zu Enttäuschungen, wenn der Migrant mit seiner Familie am ursprünglichen Wohnort zu Besuch ist. Und erst recht natürlich, wenn er dorthin zurückgehen will. Die Isolation der Migranten darf nicht zur Abschottung führen.

Auch die *Identifizierung mit dem neuen Land* ist keine Lösung. Die alten Bande schnurstracks zu zerschneiden bedeutet, einen Teil des eigenen Ichs zu unterdrücken. Die ursprüngliche Kultur, das ursprüngliche Zuhause kann man nicht einfach wie eine Jacke ausziehen. Damit würde man auch die eigene Entwicklung zuwenig respektieren.

Zwischen diesen beiden Extremen, Isolation und Identifikation, müssen Migranten ihren Weg finden. Und nicht wenige geraten im Verlauf dieses Prozesses in einen *Loyalitätskonflikt*: Das Neue immer mehr zu akzeptieren, wird als Verrat am Alten empfunden.

Dieser Loyalitätskonflikt ist häufig die Ursache psychosomatischer Erkrankungen. Der Migrant fühlt sich krank, hat überall Schmerzen. Er erwartet vom Arzt eine medizinische Behandlung und ist wenig geneigt, psychische Faktoren als Ursachen seiner Schmerzen zu akzeptieren. Es würde seine Ehre berühren, wenn er vor sich und vor anderen zugeben müßte, daß seine Migration nicht besonders erfolgreich ist. Zudem ist man in seiner Kultur auch wenig geneigt, die psychische Seite eines Menschen zu berücksichtigen (vgl. Kapitel 8).

Der Sozialarbeiter hat hier die Aufgabe, sehr behutsam mit seinem Gesprächspartner zu kommunizieren (hoffen wir, daß der Migrant tatsächlich ein Partner für ihn ist!). Es ist auch wichtig, daß der Sozialarbeiter sich vom Verhalten der Migranten nicht irritieren läßt. Sie haben viel dafür getan, um in dieses Land zu kommen. Oft haben sie dafür buchstäblich großes körperliches und psychisches Leid auf sich genommen. Nun meinen sie, ein Anrecht auf Entgegenkommen zu haben, vor allem von seiten der Instanzen, die das neue Land sozusagen symbolisieren. Sie fordern auf eine Art und Weise »Schadensersatz«, die für einen Sozialarbeiter unbegreiflich sein kann. Es ist dann wichtig, diese implizite Botschaft zu verstehen und das Gespräch darauf zu konzentrieren. Dabei sollte man sich der Abwehrreaktionen bewußt sein, die in Kapitel 3 genannt sind und die in der Migrantensituation einen guten Nährboden finden.

Aufgaben

Am Ende des ersten Teils dieses Arbeitsbuches habe ich die Drei-Schritte-Methode erläutert. Der gegenwärtige Abschnitt gehört zum zweiten Schritt: die Erkundung der Lebenswelt der Migranten.

Für ein wirkliches Gespräch mit Migranten geht es allerdings auch darum, daß der Sozialarbeiter seine eigene Lebenswelt im Blick hat, damit er sich in die genannten psychischen Reaktionen der Migranten und in ihre Situation besser einfühlen kann. Diesen

ersten Schritt werde ich mit einigen Fragen und Aufgaben erläutern. Dabei geht es um eigene Migrationserfahrungen.

1) Aufwachsen, als Kind älter werden, die Schule verlassen, das Elternhaus verlassen, einen neuen Arbeitsplatz bekommen, heiraten, sich scheiden lassen, der Tod eines Menschen, dem man sich sehr verbunden fühlte: Das alles sind Erfahrungen des Weggehens und des Zurechtkommens in einer neuen Situation. Mehrere dieser Situationen haben Sie bereits selbst erlebt.
   - Nennen Sie einige dieser Situationen, und schreiben Sie auf, was sie für Sie bedeutet haben. Wie haben Sie reagiert?
   - Was fällt ihnen zu den zentralen Begriffen dieses Kapitels ein: Mißtrauen, Enttäuschung, Wut, Schuldgefühle, personale Isolierung, Identifizierung mit dem neuen Land, Loyalitätskonflikt?
2) Vergegenwärtigen Sie sich eine Situation, in der Sie fürchteten, nicht akzeptiert zu werden. Wie sind Sie mit diesem Mangel an Vertrauen umgegangen?
3) Es ging hier um Isolierung und Identifikation mit dem neuen Land (im Endeffekt also: Anpassung). Jeder gerät manchmal in eine Situation, in der es darum geht, sich anzupassen oder nicht. Untersuchen Sie ganz konkret, wie für Sie ein Loyalitätskonflikt entstehen könnte. Wie gehen Sie damit um? Können Sie darin die Situation von Migranten wiedererkennen?
4) Sie können auch auf eine andere Weise vorgehen. Nehmen sie die zentralen Begriffe dieses Kapitels als Ausgangspunkt und überlegen Sie, was Ihre eigenen Erfahrungen damit zu tun haben.

Einige Konsequenzen für den dritten Schritt

Eine Migration läßt Menschen niemals gleichgültig, wie auch wir unsere migrationsähnlichen Momente nicht einfach übergehen können. Denn auch wir sind in bestimmten Situationen geneigt, uns von allem und jedem zu isolieren, uns zu fragen, wo unser »Selbst« geblieben ist. Auch wir können als Folge von Streß, unerwünschten Umständen oder Sorgen körperliche Beschwerden entwickeln. Auch uns sind Abwehrreaktionen nicht fremd. Und Loyalitätskonflikte sind bestimmt nicht nur Migranten vorbehalten.

Der Erfolg eines Migranten, der einen Platz bei uns finden will, hängt von *individuellen* Faktoren – wie subjektive Stärke und Kreativität – ab, aber auch von *gesellschaftlichen* Faktoren, wie Arbeitsmöglichkeiten und einem gastfreundlichen Klima. Wenn man den dritten Schritt plant (zielgerichtet mit den Migranten arbeiten, Interventionen zu planen), muß man sowohl die individuellen als auch die gesellschaftlichen Faktoren berücksichtigen.

Auf Grund ihrer Situation können Migranten in ein Gefühl von Machtlosigkeit und dumpfer Untätigkeit geraten. Der Sozialarbeiter muß dann versuchen, das Selbstbewußtsein der Migranten zu stärken, damit sie nicht in ihrer Situation versinken. Die sprachliche Barriere kompliziert dieses Vorhaben.

Die Überwindung der Sprachbarriere ist eine grundlegende Aufgabe für den Sozialarbeiter. Darum werde ich im dritten Teil ausführlich darauf eingehen.

Hier beschäftige ich mich vornehmlich mit den gesellschaftlichen Faktoren.

Herzlichkeit und Freundlichkeit im aufnehmenden Land sind für die Neuankömmlinge von großer Bedeutung. Doch wie schnell können Migranten den Eindruck von Herzlichkeit und Freundlichkeit verlieren, wenn sie mit unserer harten Bürokratie konfrontiert werden. Die Einführung in den Umgang mit unseren Behörden ist ein wichtiger Teil der Sozialarbeit.

Doch welche Perspektiven haben die Migranten? Welche Arbeits- und Entfaltungsmöglichkeiten? Werden keine positiven Antworten auf diese Fragen gefunden, ist die Eingliederung absolut perspektivlos. Man kann vom einzelnen Sozialarbeiter nicht immer erwarten, daß er viel zur Lösung dieses Problems beiträgt, aber die Sozialarbeit insgesamt muß dauernd auf ihre Pflichten diesbezüglich hinweisen und durch Untersuchungsberichte und eventuell durch Aktionen versuchen, innerhalb der Gesellschaft Aufmerksamkeit für die Interessen der Migranten zu erreichen.

Widerstände gegen die Eingliederung gibt es zuweilen auch von den Migranten selbst. Ihre eigene Umgebung kann durch Loyalitätserwartungen die Verarbeitung einer an sich »normalen« Migrationsproblematik verhindern. Zum Beispiel bleiben viele ältere Molukker ihrem Ideal von der Gründung einer eigenen Republik »Freies Molukken« so treu, daß sie nicht bereit sind, ihren Wohnort zu wechseln oder eine Berufsausbildung aufzunehmen. Das würde ihrer Erwartung, ihr Aufenthalt in den Niederlanden sei nur vor-

übergehend, widersprechen. Diese Haltung ist ein psychologisches Integrationsverbot.

Im allgemeinen erschweren kulturelle und namentlich religiöse Auffassungen die Integration. Es stellt sich die Frage, was hinterher von der eigenen Kultur noch übrigbleibt.

Daher betont die Regierungspolitik auch deutlich, daß die niederländische Gesellschaft die Kultur der Migranten anerkennen und würdigen sollte: »Integration unter Beibehaltung der eigenen kulturellen Identität«.

All diese Faktoren bewirken, daß Migranten sich in einer Situation des *permanent temporären Aufenthalts* befinden. Sie spüren durchaus, daß die Rückkehr nicht sehr wahrscheinlich ist (die geringe Zahl von Rückkehrern bestätigt das auch), andrerseits fühlen sie sich hier auch nicht verwurzelt. So entsteht für sie eine Art *Zwischenkultur.* Diese Zwischenkultur entsteht aus dem Konflikt zwischen der Loyalität zum Bisherigen und der Anziehungskraft des Neuen. Dies gilt vor allem für die zweite und die dritte Generation. Darum wird diese Zwischenkultur im folgenden Kapitel behandelt, in dem es um die Kinder der Migranten geht.

An der Realität einer Zwischenkultur wird der Sozialarbeiter im Verlauf des Beratungsprozesses nicht vorbeigehen können.

Die gesellschaftlichen Faktoren machen die Sozialarbeit oft zu einem sehr mühsamen Geschäft. Hinzu kommt, daß »im Feld« öfter widersprüchliche Auffassungen über problembezogene oder integrierende Sozialarbeit zu hören sind (beispielsweise über Nutzen oder Schaden sogenannter schwarzer Schulen und von eigenen Sozialstationen für Migranten). Der Sozialarbeiter ist dann häufig auf seine eigene Kreativität und auf die Wünsche seiner Gesprächspartner angewiesen, wobei ihm auch Organisationen von Migranten und Experten aus ihren Reihen eine wertvolle Hilfe bieten können.

Aufgaben

1) Welche Vorteile sehen Sie in einer problembezogenen Sozialarbeit mit Migranten, welche Vorteile in der integrierenden Sozialarbeit?
2) Meinen Sie, daß es wichtig wäre, auf einzelne Gruppen von Mi-

granten – etwa Ältere, Jüngere, Männer, Frauen, Mädchen oder Jungen – unterschiedlich einzugehen?

3) Können Sie Situationen benennen, die typisch sind für problemorientierte Sozialarbeit mit Migranten, und Situationen, in denen integrativ gearbeitet werden muß?
4) Einen Migranten zu einem Experten aus der eigenen Gruppe zu schicken kann sehr gut sein. Andrerseits ergeben sich daraus manchmal auch Nachteile, und zwar für den Klienten, für den Sozialarbeiter und für den Experten. Welche Nachteile?
5) Oben wird eine politische Äußerung zitiert: Integration und gleichzeitig die eigene kulturelle Identität erhalten. Heute sagt man lieber: Integration und gleichzeitig die ethnische Identität erhalten. Was bedeutet dieser Unterschied? Berücksichtigen Sie bei der Beantwortung dieser Frage die Bedeutung des Gruppendrucks (beispielsweise über die Religion) und die individuellen Entfaltungsmöglichkeiten der Migranten.

Fallbeispiel: Ali (Rollenspiel)

Ali ist vor Jahren aus der Türkei in die Niederlande emigriert. Nach einer schwierigen Anfangszeit hat er sich hier gut zurechtgefunden. Er spricht gut Niederländisch, ist diplomierter Sozialarbeiter, seine Frau macht nun die gleiche Ausbildung. Seine drei Kinder sind in der Grundschule. Sein ältester Sohn ist allerdings einige Male mit der Polizei in Berührung gekommen und schwänzt häufiger.

Die ganze Familie hat die niederländische Staatsbürgerschaft angenommen. Ali meinte, dies würde vor allem seinen Kindern mehr Sicherheit bieten. Gegenüber seinen Freunden verteidigte er diesen Schritt, indem er sagte: »Im Koran steht: Wo du arbeitest, da ist dein Vaterland.« Dennoch nahmen ihm seine Freunde diese Entscheidung übel.

Ali arbeitet in einer Kleinstadt in einem Büro für kommunale Dienste. Er ist angestellt als »Migrantenbetreuer«. Mit diesem Etikett ist er nicht ganz glücklich, er würde gerne auch Niederländern helfen. Oft ist er ärgerlich darüber, daß alle Ausländer an ihn verwiesen werden. Und er ärgert sich auch über die nicht endenwollenden Probleme, mit denen die Ausländer zu ihm kommen und an denen er oft nichts ändern kann. Er macht die Erfahrung, daß seine

Klienten häufig zu viel von ihm erwarten und zornig werden, wenn er ihnen nicht helfen kann.

Er will ein bestimmtes Projekt für Migranten einrichten, aber das gelingt ihm nicht. Lediglich einige wenige Migranten melden sich dafür. In einer Teamsitzung wird er deswegen von einer Kollegin kritisiert, die meint, Ali habe das Projekt zu wenig durchdacht begonnen. Ali zuckt mit den Schultern und schweigt. Der Koordinator geht auf diese Kontroverse nicht weiter ein. Ali bringt vorsichtig einen neuen Plan vor, doch der wird mit den Worten: »Vielleicht ganz nett, aber wir haben kein Geld dafür«, vom Tisch gewischt.

Einige Tage später meldet sich Ali krank. Ihm ist übel, und er hat Kopfschmerzen. Nach einer Woche hat sich sein Zustand noch nicht gebessert. Der Koordinator ruft ihn an und fragt, wie es ihm gehe. Er rät Ali, einen Arzt aufzusuchen, es kämen nämlich sehr viele Migranten in die Beratungsstelle, denen jetzt niemand mehr helfen könne. Ali geht zu einem Arzt, bekommt ein Medikament, und seine körperliche Kondition verbessert sich. Aber sein Schwung ist dahin. Seine Frau drängt ihn, seine Freunde im Kaffeehaus zu besuchen, anstatt den ganzen Tag zu Hause zu bleiben. Aber dazu hat er keine Lust. Er wehrt sich, indem er sagt: »Da meckern sie nur, daß wir unsere Kinder nicht richtig erziehen und daß ich häufiger in die Moschee kommen soll ... Und dann noch dieser blöde Bengel ...«

Seine Frau verteidigt den Jungen, aber da wird Ali zornig. »Siehst du denn nicht, wie hart ich arbeiten muß, und dann noch so ein Sohn? Womit habe ich das verdient?« Er träumt häufiger von der Türkei und schlägt seiner Frau vor, dorthin in Urlaub zu fahren. Sie hat durchaus Lust dazu, sagt aber: »Schon seltsam, daß du plötzlich darüber redest. Das hast du früher nicht getan.«

Der Hausarzt verweist Ali an den psychologischen Dienst, aber schon nach dem ersten Gespräch mißtraut Ali seinem Berater. »Ich fühle mich beschissen. Was soll denn das Gerede? Sie machen alles so schwierig.« Die Kollegen lassen dann und wann etwas von sich hören, aber Ali ist sehr verschlossen. »Sie sollen mich in Ruhe lassen«, sagt er brummig zu seiner Frau.

Eines Tages besucht ihn ein Kollege, mit dem er immer gut zurechtgekommen war. Alis Frau hat diesen Kollegen angerufen und ihm bereits einiges erzählt.

Aufgaben (Rollenspiel)

Spielen Sie diesen Besuch.

Einer aus der Gruppe übernimmt die Rolle von Ali (eventuell sollte auch jemand die Rolle seiner Frau übernehmen), ein anderer spielt den Kollegen.

Bereiten Sie die Rollen gut vor! Bezüglich der Rollen von Ali und seiner Frau verweise ich auf die Informationen in den bisherigen Kapiteln. Für die Rolle des Kollegen folgen nun ein paar Hinweise:

- Sie haben von Alis Frau bereits einiges erfahren.
- Sie bereiten sich vor, indem Sie:
  a) sich eine Übersicht über seine Situation verschaffen und sich selbst dazu in Beziehung setzen (erster und zweiter Schritt);
  b) überlegen, was Sie mit ihm besprechen wollen (dritter Schritt).

Zu a)
- Wie interpretieren Sie die verschiedenen Fakten über Ali, also die, welche Sie als Kollege mitbekommen haben, und auch die, welche Sie von Alis Frau erfahren haben (und die im Fallbeispiel zu finden sind)?
- Was wird durch diese Interpretationen bei Ihnen ausgelöst, und wie können Sie versuchen, näher an Alis Situation heranzukommen?
- Welches Bild von Ali entsteht bei Ihnen?

Zu b)
- Welches Ziel setzen Sie sich für dieses Gespräch?
- Warum gerade diese Zielstellung?
- Was wollen Sie – von dem Bild ausgehend, das Sie sich von Ali gemacht haben – hauptsächlich mit ihm besprechen?
- Welche Gründe haben Sie dafür?
- Wie werden Sie Ali gegenübertreten, und wie werden Sie das Gespräch beginnen?

Das Rollenspiel kann nach ungefähr zehn Minuten beendet werden. Eventuell sollte es mit Video aufgenommen werden.

Es folgt dann die Nachbesprechung in der Gruppe, bei der eine Video-Aufnahme nützlich wäre. Achten Sie bei der Nachbesprechung auf:

- die verwendete Gesprächsform
- eventuelle Abwehrreaktionen
- eventuelle kulturelle Unterschiede
- das Verständnis für Alis Gefühle unter Berücksichtigung seines Status als Migrant.

7. Die Kinder der Migranten

Vor allem Kinder von Migranten leben in der Zwischenkultur, die in Kapitel 6 erwähnt wurde. Mit Hilfe des Lebensweltmodells soll ihre Situation beschrieben werden.

7.1 Ihr Status

Einerseits haben sie ihren Status als Kinder in der Kultur ihrer Eltern. In Kapitel 5 wurde gezeigt, daß für Jungen noch immer eine starke »Macho«-Rolle kennzeichnend ist. Der Platz der Mädchen dagegen ist vor allem innerhalb der Familie. Kennzeichnend für sie ist »Bescheidenheit«.

Beide Geschlechter sind der elterlichen Autorität unterworfen; dabei sind Ehrerbietung und Gehorsam die leitenden Prinzipien. Die Kinder leben zu Hause in einer Art »Befehlswirtschaft«.

Auf der anderen Seite erleben sie auf der Schule, bei ihren hiesigen Freundinnen und Freunden und auch durch Sozialarbeiter eine Art »Verhandlungswirtschaft« mit größerer persönlicher Freiheit, mehr Möglichkeiten für eigene Initiativen, höheren Anforderungen an das Selbstbewußtsein. Für Mädchen ist das begreiflicherweise eine größere Herausforderung als für Jungen.

Etwas Wichtiges kommt hinzu: Die Aussichten dieser Kinder, eine gute Stelle auf dem inländischen Arbeitsmarkt zu bekommen, sind nicht sehr groß. Um sich herum, in ihrer Gruppe, sehen sie Arbeitslosigkeit, die viel bitterer ist als bei Inländern. Auch Diskriminierung und Rassismus bedrohen diese jungen Leute.

7.2 Ihre Einstellungen

Auch die Einstellungen werden natürlich von dem Zuhause sehr stark beeinflußt. Die Kinder haben durch ihre Erziehung die Werte und Normen ihrer Kultur mitbekommen. Sie haben gelernt, auf

eine kulturell geprägte Art und Weise Menschen, Dingen und Situationen Bedeutungen zu verleihen und sich danach zu verhalten.

Durch ihre Kontakte mit der neuen Gesellschaft entdecken sie andere Werte und Normen, andere Bedeutungen, die man Menschen, Dingen und Situationen zuschreiben kann. Das fordert dann von ihnen ein anderes Verhalten.

So verlangt ihre eigene Kultur beispielsweise, daß man eine Autoritätsperson (Arzt, Lehrer, Sozialarbeiter) nicht anschaut, wenn sie mit einem spricht. In der hiesigen Kultur wird es jedoch erwartet, daß man den anderen anschaut, sonst könnte er meinen, man sei respektlos, verlegen oder schüchtern. Wenn die Kinder diesen Unterschied kennenlernen, kann ihr Verhalten ins Gegenteil umschlagen, so daß sie uns dann ziemlich frech vorkommen.

Rassismus und Diskriminierung spielen auch hier eine große Rolle. Die Kinder haben oft das Gefühl, daß die Sichtweisen und die Werte und Normen, die sie von zu Hause mitbekommen haben, durch die (be)herrschende Gesellschaft nicht immer geachtet, sondern manchmal sogar lächerlich gemacht werden. Dieses Gefühl untergräbt ihre Versuche, eine eigene Identität aufzubauen.

7.3 Eigenes Erleben und eigene Erfahrungen

Die oben skizzierten Widersprüche führen dazu, daß für den Einzelnen kein zusammenhängendes Ganzes von Bedeutungen, also von Werten und Normen, entstehen kann. Die Zwischenkultur wird daher häufig als verwirrend erlebt.

Nun sind Kinder oft sehr geschickt darin, sich an unterschiedliche Situationen anzupassen. Aber das hat Grenzen, vor allem dann, wenn ihr Verhalten der Kultur, die sie von zu Hause kennen, zuwiderläuft. Das verursacht notwendigerweise Spannungen. Oft gibt es Streit und Entfremdung, manchmal laufen die Kinder sogar von zu Hause weg. In der Zwischenkultur sind sie mit *Loyalitätskonflikten* konfrontiert.

Das Verwirrende der Zwischenkultur, ihre schlechten Perspektiven auf dem Arbeitsmarkt verursachen das große Maß an *Unsicherheit* bei diesen Kindern.

Rassismus und Diskriminierung können Kinder noch weniger

als ihre Eltern ignorieren. Für die Eltern ist das eine eher äußerliche Bedrohung, denn ihre innere Haltung ist kulturell gefestigt. Dennoch kann die notwendige oder gewünschte Anpassung auf seiten der Eltern zu Spannungen führen (vgl. Kapitel 6).

Kinder und Jugendliche müssen sich innere Stabilität erst noch aneignen. Rassismus und Diskriminierung beeinflussen ihren Entwicklungsprozeß. Manche reagieren *aggressiv* auf diese Verletzung, andere hingegen *depressiv*.

Ihre Reaktionen können durch eine depressive häusliche Atmosphäre oder durch zu viele Aktivitäten der Eltern weiter verstärkt werden. Wenn es zu Hause beispielsweise vor allem darum geht, Geld zu verdienen, oder darum, eine Migrantenorganisation aufzubauen und zu unterstützen, können Kinder *emotional verwahrlosen*. Sie fühlen sich dann ihrem Schicksal überlassen.

Alles in allem ist die Situation der jugendlichen Migranten besonders beunruhigend.

Migrantenorganisationen wissen das sehr genau, stehen diesen Problemen aber meist hilflos gegenüber. Zudem besteht die Gefahr, daß diese Organisationen die Jugendlichen zu stark an die eigene Kultur binden wollen und dabei übersehen, daß sich einzelne Jugendliche in Richtung auf die niederländische Form des Zusammenlebens hin entwickeln.

Unterricht in der Muttersprache ist ein anderes Mittel, um den ausländischen Jugendlichen innerhalb der neuen Gesellschaft ein Gefühl von Verbundenheit und Wertschätzung für ihren eigenen kulturellen Hintergrund zu vermitteln. Das unterstützt die Entwicklung einer eigenen Identität.

Problemorientierte Sozialarbeit ist Fortsetzung des bisher Dargestellten. Diese Art der Sozialarbeit zeigt, daß es wirklich nicht notwendig ist, nur mit Jugendlichen einer Kultur zu arbeiten, nur mit Marokkanern beispielsweise, oder nur mit Türken. Die Erfahrung zeigt, daß Jugendliche mit unterschiedlichem kulturellen Hintergrund (auch Surinamesen und Jugendliche aus dem Mittelmeerraum) am gleichen problemorientierten Programm teilnehmen können. Voraussetzung ist allerdings, daß nicht eine bestimmte Gruppe dominiert, denn dann fühlen sich die anderen wiederum diskriminiert. Mit anderen Worten: Die Tatsache, daß sie alle Kinder von Migranten sind, führt zu vielen Gemeinsamkeiten, die sie aneinander wiedererkennen. Dies ist ein Zeichen dafür, wie stark

Migranten durch ihre Situation beeinflußt sind, insbesondere die Kinder von Migranten.

Dieses Problem beinhaltet auch Konsequenzen für die Politik. Eine Politik, die allein auf integrative Sozialarbeit ausgerichtet ist (also auf das Zusammenleben mit Menschen der niederländischen Kultur), ist heutzutage kurzsichtig. In unserer Zeit sind problemorientierte Ansätze, vor allem für Jugendliche, unbedingt notwendig. Wenn aber in bestimmten Situationen nur integrative Sozialarbeit möglich ist, sollte dem Klienten auch die Chance zur Identifikation mit seiner eigenen Kultur angeboten werden. Das reicht von einfachen Dingen, wie Essen, Musik, einem Bild an der Wand, über die Mitarbeit zumindest einiger »einheimischer« Sozialarbeiter bis zur Fähigkeit, Migranten (emotional) verstehen und betreuen zu können. Diese Forderung soll durch das folgende, beeindruckende Beispiel unterstrichen werden.

In einer großen psychiatrischen Anstalt im Westen der Niederlande wurden die in Anamnesen verwendeten Worte untersucht. Ein Drittel der Patienten dieser Klinik waren Ausländer. In der Krankenakte dieser Menschen kam sehr oft das Wort »theatralisch« vor, was soviel bedeutet wie: er/sie übertreibt, ist nicht ganz ernst zu nehmen usw.

Bei den inländischen Patienten kam das Wort »theatralisch« nicht vor! Die wenigen ausländischen Sozialarbeiter verwendeten das Wort nicht. Das zeigt, daß die niederländischen Sozialarbeiter den anderen Umgang von Ausländern mit Krankheit oder Beschwerden kaum oder gar nicht gesehen haben.

Dieses Beispiel macht einige Dinge deutlich, die in den vorangegangenen Kapiteln bezüglich der Drei-Schritte-Methode bereits angesprochen wurden:
- daß man sich der eigenen Auffassungen, Werte, Normen und Codes bewußt sein sollte;
- daß man die kulturelle Eigenart von Migranten sieht, auch in Beziehung zur Zwischenkultur, in der sie oft leben, vor allem die Jugendlichen;
- daß ein Gespräch erst dann wirklich hilfreich sein kann, wenn man all diese Faktoren berücksichtigt, weil der Gesprächspartner das Gefühl hat, mit seinen Problemen verstanden zu werden.

Im bisherigen Text wurden wiederholt die Begriffe »Rassismus« und »Diskriminierung« verwendet. Ich habe in diesem Kapitel dar-

auf hingewiesen, daß vor allem die Jugendlichen bei ihrer Suche nach Identität durch Rassismus und Diskriminierung sehr verletzt werden können. Deshalb meine ich, daß es gut ist, am Schluß dieses Kapitels den Blick auf diese Erscheinungen zu richten. Um die unterschiedlichen Hintergründe von Rassismus und Diskriminierung zu untersuchen, bietet das Lebensweltmodell gute Möglichkeiten.

Zunächst folgt jedoch ein Fallbeispiel mit Aufgaben, wobei sowohl das Lebensweltmodell als auch die Drei-Schritte-Methode als integrierter Ansatz zur Sprache kommen, wie es in der Praxis wohl meist der Fall sein wird.

Fallbeispiel: Hassan (Situationsskizze)

Hassan ist das fünfte Kind einer Familie mit sechs Kindern. Die Familie besteht aus folgenden Personen: Mutter, Stiefvater, Mädchen (17), Mädchen (15), Junge (13), Mädchen (11), Hassan (8) und ein Junge (1).

Der erste Mann von Hassans Mutter ist vor drei Jahren gestorben. Er war mit seiner Frau vor 14 Jahren in die Niederlande gekommen. Die älteste Tochter ist in Marokko geboren, die zweite in Spanien, die anderen Kinder in den Niederlanden. Der Vater hatte noch eine weitere Frau in Frankreich. Bei ihr hatte der älteste Sohn drei Jahre lang gewohnt, um dort eine gute Schule besuchen zu können. Als der Vater starb, mußte der Sohn in die Niederlande zurückkehren. Vor zwei Jahren hat sich die Mutter wieder verheiratet. Aus dieser Ehe stammt das zuletzt geborene Kind. Die älteste Tochter ist nach der zweiten Heirat ihrer Mutter ausgezogen. Sie kam mit dem Stiefvater nicht zurecht. Der Stiefvater wird von keinem der Kinder »Vater« genannt, doch das jüngste Kind wird als Bruder betrachtet.

Durch Vermittlung der Schule wurde Hassan von seinen Eltern in einem Boddaert[2]-Zentrum angemeldet und geht dort seit einigen Monaten in der Mittagspause und am frühen Abend hin.

Zu Hause klappt es überhaupt nicht mit ihm, und auch in der Schule geht es nicht gut. Er streitet sich oft mit seinem älteren Bru-

2 Boddaert-Zentren sind überregionale heilpädagogische Horte, in denen Kinder zwischen Vormittags- und Nachmittagsunterricht betreut werden, außerdem nach Schulschluß bis 19 Uhr.

der, auf den er nicht hören will. Er hat den Tod seines Vaters schlecht verkraftet. Mit seiner ältesten Schwester konnte er, solange sie zu Hause war, wenigstens darüber reden. Hassan fehlt es an einer Struktur für sein Leben, und mit seinen niederländischen Schulfreunden treibt er viel Unfug. Wird ihm zu Hause etwas verboten, so schreit er, seine niederländischen Freunde dürften das aber. Die Mutter gibt dann nach, was ihr die älteren Kinder wiederum übelnehmen. In der letzten Zeit wächst ganz langsam eine Beziehung zu seinem Stiefvater, den er im Gespräch mit der Sozialarbeiterin bereits mehrfach »Vater« genannt hat. Neben der Betreuung von Hassan im Boddaert-Zentrum soll auch seine ganze Familie sozialarbeiterisch begleitet werden. Die Sozialarbeiterin hat einen ziemlich guten Kontakt mit Hassans Mutter und spielt auch mit den Kindern. Sie hofft, daß die Mutter das Spielen übernehmen könnte, wodurch Momente von Gemeinsamkeit in der Familie entstehen würden. Hassan beteiligt sich an den Spielen, aber wenn beispielsweise eines der anderen Kinder ein dickeres Kuchenstück bekommt als er, gibt es Krach (die Sozialarbeiterin kann ruhig ein größeres Stück bekommen!). Sie fragt sich nun, wie sie den Stiefvater in die Erziehung der Kinder einbeziehen kann.

Aufgaben

1) Versuchen Sie, ein Bild dieser Familie zu zeichnen. Markieren Sie die unterschiedlichen Positionen der Familienmitglieder auf einem Blatt Papier und markieren Sie mit Linien die gegenseitigen Beziehungen.
   Vergleichen Sie die unterschiedlichen Bilder Ihrer Gruppe und sprechen Sie darüber (Begründungen!).
2) Die Unterschiede bedeuten unterschiedliche Interpretationen der Familienbeziehungen.
   Versuchen Sie, zu einer gemeinsamen Diagnose zu kommen. Berücksichtigen Sie dabei die Informationen aus dem vorhergehenden Kapitel.
3) Was halten Sie von dem »Behandlungsplan« (vgl. Kapitel 5, Punkt 4)?
4) Wie beurteilen Sie die Fragestellung am Ende des Fallbeispiels?

Merken Sie sich die Ergebnisse dieser Aufgabenstellung, denn im Kapitel 9 werde ich darauf zurückkommen.

Exkurs: Rassismus und Diskriminierung

Rassismus und Diskriminierung haben mit dem ersten Schritt der Drei-Schritte-Methode zu tun: mit unseren eigenen Haltungen, Auffassungen, Werten, Normen und Empfindlichkeiten. Wie entstehen Rassismus und Diskriminierung? Ich zeige das an den drei Aspekten des Lebensweltmodells. Ich fasse beide Phänomene zusammen, weil sie den gleichen Hintergrund und die gleiche Wirkung haben. Rassismus wird lediglich stärker ideologisch und zusammenhängender begründet.

Status

Inländer können sich durch die Anwesenheit von Migranten (und Flüchtlingen!) in ihrem Status bedroht fühlen. Ist genug (ökonomischer) Raum vorhanden, wird dieser Aspekt eine untergeordnete Rolle spielen. Doch in einer Mangelsituation führt das zu Problemen:

- Die Migranten besetzen Arbeitsplätze, während ohnehin schon viele Inländer arbeitslos sind.

  Dieses Argument wird vielleicht sogar in Institutionen der Sozialen Arbeit vorgebracht, wenn das politische Ziel verfolgt wird, mehr Ausländer als Sozialarbeiter einzustellen. Sparmaßnahmen erlauben oft keine Ausweitung des Personalbestandes. Daraus entsteht eine Bevorzugung von Ausländern in Bewerbungsverfahren. Die Bemerkung »Farbe geht vor Eignung« habe ich mir nicht ausgedacht! Manche der einheimischen Sozialarbeiter versuchen, dieser Bedrohung dadurch zu begegnen, daß sie sich im Bereich interkultureller Sozialarbeit qualifizieren. Doch dadurch verringern sich wiederum die Berufschancen der Ausländer. (Dieses Problem kann im Rahmen dieses Buches nicht gelöst werden. Tatsache ist, daß in der Sozialarbeit oft zuwenig Ausländer »vorhanden« sind und Einheimische die interkulturelle Arbeit übernehmen müssen. Zudem existieren in unserer multikulturellen Gesellschaft vielfältige Anlässe zu interkultureller Kommunikation, und deren Erforschung ist daher absolut notwendig. (Auch hier, wie überall, ist Wachsamkeit gegenüber einer möglichen Diskriminierung von Ausländern geboten.)

- Eine andere diskriminierende Bemerkung: Unsere Wirtschaft muß schrumpfen. Die Ausländer verschärfen das Problem, denn deren Unterstützung geht zu Lasten der »Einheimischen«.
- Das gleiche gilt für das Wohnungsproblem.

Diese Behauptungen übersehen zwei Aspekte der Realität:

1) Einen guten Teil der Arbeit, die von Migranten verrichtet wird, wollen die »Enheimischen« nicht machen. Würden die Ausländer wegziehen, erlitte unsere Wirtschaft Schaden.

2) Ausländer sind meist nicht freiwillig zu uns gekommen. Sie wurden angeworben oder durch die schlechte ökonomische oder politische Situation in ihrem eigenen Land zur Emigration gezwungen. Diese Zustände sind oft eine Folge des westlichen (wirtschaftlichen) Kolonialismus, des früheren und des heutigen. Zudem sind sehr viele Migranten deshalb gekommen, weil sie gebraucht wurden. Es darf nicht sein, daß wir sie in schwierigen Zeiten wieder vor die Tür setzen und der Armut ausliefern.
   Auch im Zusammenhang mit den beiden nachfolgenden Aspekten sind die genannten Behauptungen wichtig. Doch es sollte schon jetzt einsichtig sein, daß statusbezogene Diskriminierungen oft Rationalisierungen sind, um nichtakzeptable Auffassungen und Gefühle zu rechtfertigen (eine Art Abwehrreaktion, vgl. Kapitel 3).

Aufgaben

Als darüber geredet wurde, daß Hunderte von Tamilen im Haager Malerviertel wohnen sollten, sagte ein Mann aus diesem Viertel:

»Und was wird dann aus mir? In der einen Ecke meines Cafés hocken Surinamer, in der anderen Ecke Türken, in der dritten Marokkaner, und demnächst kommen die Tamilen. Wo ist dann noch Platz für mich?«

Lassen Sie zwei Gruppen (oder zwei Leute) über diese Meinung diskutieren (nachdem sie sich miteinander etwas vorbereitet haben). Die eine Gruppe vertritt die Meinung, daß der Mann eine diskriminierende Aussage gemacht habe, die man nicht tolerieren könne. Dies sei eine Meinung der äußersten Rechten. Die andere Gruppe vertritt die Meinung, daß die Aussage des Mannes nicht diskriminierend gemeint sei.

Besprechen Sie nach der Diskussion die unterschiedlichen Argumente und versuchen Sie, zu einem gemeinsamen Standpunkt zu kommen, wie mit diesem Mann zu reden sei.

Auffassungen, Werte und Normen

Migranten werden als Bedrohung der eigenen Kultur wahrgenommen, vor allem dann, wenn sie als Gruppe klar erkennbar sind. Gruppierungen der äußersten Rechten in den Niederlanden sind dann schnell mit der Behauptung zur Hand, unsere Kultur könne all die vielen Migranten nicht aushalten.

In bestimmten Stadtteilen wohnen sehr viele Migranten, die diesen Vierteln eine ganz eigene Färbung geben. Der Grund für diese Konzentration liegt in den billigen Mieten. Wegen des schlechten Zustands der Häuser haben viele Inländer das Viertel verlassen. Die Zurückgebliebenen merken, daß die spezifische Kultur ihres Stadtteils verlorengegangen ist. Die vertraute Form des Zusammenlebens ist verschwunden und hat einer anderen Platz gemacht, die den Zurückgebliebenen jedoch fremd ist. Und das ist kränkend. Untersuchungen haben gezeigt, daß der Kummer über die verlorengegangene eigene Kultur und die Eifersucht auf die neu entstandene Migrantenkultur wichtige Ursachen für rassistisches Verhalten und Diskriminierung sind.

Ein weiteres Motiv, das ich bereits in Kapitel 6 benannt habe, gehört hierher: Von der eigenen Lebenswelt ausgehend, nähert man sich allem Fremden immer erst mit vorsichtiger Zurückhaltung. Dieses Motiv spielt auch bei den angeführten Reaktionen eine gewisse Rolle. Menschen, die ihre Lebenswelt mehr oder weniger stabilisiert haben, können sich beim Auftauchen von Neuankömmlingen bedroht fühlen. Die Lebenswelt ist, wie wir gesehen haben, etwas Individuelles, wird aber auch von starken gesellschaftlichen Einflüssen bestimmt. Das, was die Alteingesessenen als Bedrohung wahrnehmen, ist daher eine Bedrohung anerkannter Auffassungen, Werte und Normen. Die Alteingesessenen stehen vor dem Dilemma, die Neuankömmlinge entweder als Gäste zu empfangen oder als Feinde abzulehnen. Die Entscheidung für das eine oder das andere hängt von vielem ab.

- Die Macht der Neuankömmlinge, die zu einem Gefühl von Überwältigtwerden führen kann. Das ist beispielsweise in isla-

mischen Ländern so, dort werden westliche Fremde als Bedrohung empfunden. Als Reaktion darauf können wir das Entstehen eines orthodoxen Fundamentalismus beobachten. Die Lage im Iran beweist diese These. Aber auch die Reaktionen der ultrarechten Niederländer gehören hierher.
»Macht« bedeutet hier auch eine zahlenmäßige Überlegenheit. In (alten) Stadtvierteln mit einer hohen Konzentration von »Ausländern« können sich die Alteingesessenen bedroht fühlen.

- Für Alteingesessene haben die Neuankömmlinge oft ökonomische Bedeutung, oder sie werden als Erweiterung der eigenen Möglichkeiten gesehen. In diesem Zusammenhang sprachen wir von »Gastarbeitern«, als Migranten in den sechziger Jahren zu uns kamen.
- Der Unterschied in Auffassungen, Werten und Normen muß in Verbindung mit den beiden vorigen Punkten gesehen werden. Daß sich etliche hunderttausend Niederländer in Belgien aufhalten, schafft keine Probleme, doch in den erwähnten Stadtvierteln mögen manche Menschen wohl das Gefühl bekommen, ihre Eigenheit zu verlieren. Das führt dazu, daß sie sich nicht mehr zu Hause fühlen oder gleich wegziehen.
  Wenn sich die Alteingesessenen bedroht fühlen, reagieren sie darauf mit Abwehr, die sich leicht in Form von Diskriminierung, Rassismus, verzerrter Darstellung der Kultur der Neuankömmlinge und Verdächtigungen äußern (»sie erziehen ihre Kinder nicht richtig« usw.).

Für eine ausführlichere Diskussion dieser Hintergründe von Rassismus und Diskriminierung verweise ich auf mein Buch »Welzijnswerk ten dienste van migranten« (Sozialarbeit für Migranten), S. 33 pp und S. 67 pp.

Aufgaben

Spielen Sie die Sitzung eines Stadtteilrats zu folgender Frage nach:
Im Stadtteil C haben die Bewohner der Zeitung entnommen, daß der Stadtrat plant, die alte Schule im Zentrum des Viertels an eine islamische Organisation zu verkaufen, die diese Schule zu einer Moschee umbauen möchte. Diese Nachricht führt zu großer Unruhe. Einige sagen, es gebe ohnehin schon so viele Fremde im

Viertel, und eine Moschee würde weitere anlocken. Die Straßen seien zu schmal für den stärkeren Autoverkehr, den eine Moschee mit sich bringen würde. Andere argumentieren, eine Moschee passe nicht ins Viertel.

Der Vorsitzende des Stadtteilrats beruft eine Versammlung ein. Im Rat sind die wichtigsten Strömungen des Viertels vertreten, auch die Fremden sind beteiligt.

Vorgehensweise

Bilden Sie kleinere Gruppen, jede vertritt eindeutige Interessen. Der Rat hat zehn bis zwölf Mitglieder. Bestimmen Sie einen Vorsitzenden.

Jede Gruppe bereitet Argumente vor, um ihren Standpunkt zu vertreten. Diejenigen, die zu keiner Gruppe gehören, sitzen auf der Tribüne. Besprechen Sie den nach zwanzig bis dreißig Minuten die geführte Diskussion und notieren Sie, was Sie gelernt haben.

Individuelle Charakterstruktur

Aus der Psychologie ist bekannt, daß manche Menschen an einem starken »Autoritätssyndrom« leiden. Das bedeutet, daß sie sich problem- und kritiklos Autorität, Führung, Macht, herrschenden Normen usw. unterwerfen. Diese Menschen sind folglich sehr gehorsam. Sie verherrlichen ihre eigene Kultur, und aus dieser Verabsolutierung (die sie oft zu treuen Kirchgängern und Parteigenossen macht) verketzern sie jeden, der anders denkt und handelt. Vor allem in Zeiten von Unsicherheit und Not sind diese Menschen schnell bereit, sich einer Führerfigur zu unterwerfen, die die alten nationalen (und vielleicht auch religiösen) Traditionen zu repräsentieren vorgibt. Dieser »Führer« zeigt oft eine ähnliche Charakterstruktur. Er wird leicht gefährlich, weil er jeden Andersdenkenden zum Feind erklärt. Mit der Macht, die ihm seine Getreuen gewähren, gelingt es ihm, eine feste Position zu erwerben, aus der heraus er dann mit größter Selbstverständlichkeit behauptet, seine Werte und Normen seien die richtigen, um das Land aus Not und Unsicherheit zu retten. Natürlich geht das zu Lasten von Minderheiten. Ein tragisches Beispiel dafür ist Deutschland unter Hitler. Nach dem Krieg sagten viele Deutsche, sie hätten von den Greuel-

taten nichts gewußt. Das ist eine bekannte Abwehrreaktion. Eigentlich hätten sie sagen müssen: »Wir wollten es nicht wissen.«

Ein Buch von Erich Fromm, »Die Furcht vor der Freiheit« beschreibt dieses Syndrom und zeigt, daß Teile davon niemandem von uns fremd sind.

Es ist nicht nur vernünftig, sondern notwendig, daß wir uns dieses Autoritätssyndroms bewußt sind, wenn wir mit Menschen in einer bedrohten Lage kommunizieren, egal, ob mit Inländern oder Migranten, denn dieses Syndrom kommt nicht nur bei »Führern« vor.

Aufgaben

Finden Sie heraus, ob dieses Phänomen auch in der Weltpolitik der letzten Jahre festzustellen ist.

Erkennen Sie es vielleicht auch auf die eine oder andere Weise in Ihrer näheren Umgebung? Wie reagieren Sie, wenn Sie mit einer solchen Person reden?

Es ist klar, daß eine Situation schnell beängstigend wird, wenn alle drei Aspekte gleichzeitig mitspielen: eine bedrohte Position, eine Bedrohung von Auffassungen, Werten und Normen und die oben beschriebene Charakterstruktur bzw. eine entsprechende Leitfigur. Ich möchte hier noch einmal auf Deutschland unter Hitler verweisen. Dieses Phänomen kann aber auch leicht in benachteiligten Stadtvierteln auftauchen. Es ist Aufgabe der Politik, die Benachteiligung bestimmter Stadtviertel zu verhindern, damit solche destruktiven Kräfte keine Chance bekommen. Ist die Situation erst eingetreten, wird eine interkulturelle Kommunikation fast unmöglich.

Selbstreflexion

Dies alles soll uns nicht nur helfen, bestimmte Phänomene um uns herum zu erkennen. Mindestens ebenso wichtig ist es, daß wir unsere eigene Haltung prüfen: Wo stehe ich selbst, was Rassismus und Diskriminierung betrifft?

An diese Frage möchte ich eine zweite koppeln, die weniger »schwer« klingt und uns dabei helfen soll, unser Einfühlungs-

vermögen zu vergrößern und andere besser zu verstehen: Wie akzeptiere ich in meinem persönlichen Leben Menschen, Dinge, Ereignisse, die mir fremd erscheinen? Nicht jede unserer Abwehrreaktionen ist rassistisch, kann aber diskriminierende Folgen haben.

Jede (inter)kulturelle Kommunikation kommt nicht darum herum, daß die Gesprächspartner (in unserem Fall vor allem die Sozialarbeiter) ihre eigene Haltung überprüfen.

Es folgt eine Reihe von Vorschlägen, wie die gerade diskutierte Selbstreflexion in Gang zu bringen ist.

1) Alle Familien (vor allem Familien mit heranwachsenden Kindern) kennen die Situation, daß »Fremde« hereinkommen: Bekannte, Freunde oder Freundinnen des Mannes oder der Frau, »der« Freund der Tochter, »die« Freundin des Sohnes.
   a) Worauf achten Sie? Was ist für Sie wichtig? Was irritiert Sie? Welches sind Ihre eigenen Erwartungen und Wünsche?
   b) Welche Motive stehen hinter Ihren Antworten?
   c) Was tun Sie, wenn Ihnen der andere wirklich nicht gefällt?
   d) Was tun Sie, wenn es Ihr Freund/Ihre Freundin ist, der/die von Familienmitgliedern (vor allem von den Eltern) nicht akzeptiert wird?

2) Der Golfkrieg hat zu einer Welle von Mißtrauen gegen Araber geführt, die in westlichen Ländern leben. Außerdem wird der ganze islamische Fundamentalismus als bedrohlich empfunden. Er verhindert zum Beispiel die Emanzipation der Frau (die Pflicht, ein Kopftuch zu tragen, ist nur ein Zeichen dafür).
   a) Mit welchen Gefühlen reagieren Sie, wenn sich bei einem islamischen Jugendlichen herausstellt, daß er fundamentalistische Auffassungen vertritt?
   b) Welche Motive könnte dieser Jugendliche haben?
   c) Wie beurteilen Sie seine Motive?
   d) Wie würden Sie, unter Berücksichtigung von Punkt a und b, ein Gespräch mit ihm beginnen?

3) Sie sind weiß. Mediterrane Menschen sind dunkelbraun, Surinamer schwarz. Menschen werden oft nach ihrer Hautfarbe beurteilt, zumindest haben viele dieses Gefühl. Deshalb sind sie sich ihrer Hautfarbe auch deutlich bewußt.

a) Welche Gefühle kommen bei Ihnen hoch, wenn Ihnen jemand mit einer anderen Hautfarbe in der Straßenbahn gegenübersitzt?
b) Welche Gefühle nehmen Sie bei sich selbst wahr, wenn jemand mit einer anderen Hautfarbe Sie zum Narren hält?
c) Welche Gefühle würden Sie empfinden, wenn Sie mit einem Pickel auf der Nase in einer Gesellschaft wären und Sie merkten, daß Sie dauernd angestarrt werden?
d) Versuchen Sie, sich in eine Situation einzufühlen, in der Ihre weiße Hautfarbe eine Ausnahme ist.

4) Sie arbeiten in einer Einrichtung, deren Zielgruppe zu 40 Prozent aus Migranten besteht. Zu Ihrem Team gehören 15 Personen, nur zwei davon sind nicht Alteingesessene. Die Leitung bestimmt, daß mindestens ein Drittel der Angestellten Migranten bzw. Migrantenkinder sein müßten und freiwerdende Stellen daher bevorzugt mit Angehörigen dieser Gruppe besetzt werden müßten. Fehlt es bei einer ersten Ausschreibung an entsprechenden Bewerbern, hat eine zweite zu erfolgen. Führt das ebenfalls zu keinem Resultat, dürfen freigewordene Stellen nur zur Hälfte besetzt werden, so daß für »fremde« Bewerber noch Platz bleibt. (In einer mir bekannten großen Einrichtung hat die Leitung tatsächlich diese Anweisungen gegeben.)
a) Was empfinden Sie, wenn Sie sich diese Anweisungen überlegen?
b) Welche Bedenken haben Sie, oder welche Einwände fallen Ihnen ein?
c) Welches sind Ihre Motive dafür?
d) Wie, glauben Sie, wird ein »Ausländer« auf diese (möglichen) Bedenken reagieren? Und was würden Sie ihm dann antworten?

5) Sie bewerben sich um eine offene Stelle. Sie werden angenommen und befinden sich dann in einem für Sie vollkommen neuen Arbeitsgebiet. Zudem stellt sich heraus, daß Sie der einzige Mann/die einzige Frau in der Abteilung sind.
a) Welche Gefühle kommen bei Ihnen hoch?
b) Was erwarten Sie von Ihren Kolleginnen/Kollegen?
c) Wie stellen Sie sich deren Reaktionen vor?
d) Wie würden Sie selbst mit der Situation umgehen?

e) Wie würden Sie gefühlsmäßig reagieren, wenn sich nach einer Weile herausstellt, daß Sie nicht akzeptiert werden?
f) Was würden Sie bezüglich Ihrer Kollegen unternehmen?

6) Bei allen Aufgaben wurden Sie zu einer Reflexion ihrer eigenen Gefühle und der daraus resultierenden Handlungen aufgefordert. »Übersetzen« Sie die Situationen, die ihnen einfallen, auf die Situation von Migranten. Wie würden sie reagieren? Welche Übereinstimmungen und welche Unterschiede mit Ihrer eigenen Reaktion können Sie sich vorstellen? Können Sie diese erklären?

Fallbeispiel: Esther

Vorbemerkungen

1) Die vorhergehenden Fälle waren hauptsächlich als Verarbeitung des behandelten Stoffes gedacht. Zugleich sollten Fragen und Aufgaben, die nach jedem Fall gestellt wurden, in eine Methode zur Analyse von Praxiserfahrungen einführen, mit deren Hilfe Richtlinien für das Handeln gefunden werden können.

   In den folgenden Fallbeispielen wird dieser Methode größere Aufmerksamkeit gewidmet werden. Der Grund ist folgender: Was ich in diesen Kapiteln anbiete, hat nicht den Charakter einer theoretischen Abhandlung, sondern ist eine Aufforderung zum praktischen Handeln. Die meisten Menschen, Studenten und Sozialarbeiter, die sich mit den Hintergründen interkultureller Kommunikation beschäftigen, werden eigene Erfahrungen auf diesem Gebiet mitbringen. Für mich ist es selbstverständlich, daß sie ihre Erfahrungen einbringen. Und wie soll das geschehen? Die früheren Fallbeispiele haben schon einen Weg gezeigt, der nun noch vertieft werden soll.

2) Das folgende Fallbeispiel handelt von einem jüdischen Mädchen. Die Juden bilden vermutlich die älteste Minderheitengruppe in unserer Gesellschaft. Sie haben eine ganz eigene Geschichte und Kultur. Ihre Situation ähnelt der von Migranten, jedoch mit viel schmerzlicheren Aspekten. Meines Erachtens muß in diesem Buch die Aufmerksamkeit auch auf diese Minderheitengruppe gerichtet werden.

Das folgende Fallbeispiel wurde während einer Unterrichtsstunde erzählt:

Esther ist zehn Jahre alt und seit einem halben Jahr bei uns. Eigentlich ist sie nur so jüdisch, wie es ihr gerade in den Kram paßt. Sie bekommt eine spezielle Diät ohne Schweinefleisch. Ihre Religion verbietet ihr nämlich, Schweinefleisch zu essen. Dies wird von uns natürlich respektiert, weil meiner Vorstellung nach jeder das Recht auf seinen Glauben hat. Esther ißt normalerweise also ihre Diät, aber wenn es für die anderen Kinder Kotelett oder Frikadellen gibt, möchte sie das auch. Ich gebe es ihr nie. Doch dann fängt das Theater an: böse Worte, Schimpfen, die Behauptung, sie sei ein ganz normales Kind. Ich finde aber, daß sie, wenn sie wegen ihres Glaubens eine spezielle Ernährung bekommt, sich auch daran halten muß. Die anderen Betreuerinnen nehmen es nicht so genau, und folglich bekomme ich von Esther zu hören: »Aber die anderen geben es mir.«

Neulich kamen ihr Vater und ihre Mutter zu Besuch. Zusammen mit dem Koordinator führten wir ein Gespräch mit ihnen. Sie machten sich große Sorgen um Esther. Zu Hause war sie widerspenstig, auch wenn sie an den Wochenenden bei ihnen war. Die Eltern fanden, ihre Tochter lasse zuwenig Fortschritte erkennen. Sie fanden es auch beunruhigend, daß Esther sich manchmal ihren Sitten und Gebräuchen widersetzte. »Ich werde dann wirklich wütend«, sagte der Vater. Woraufhin die Mutter fragte: »Sie halten sich doch an die Regeln? Hier wird doch nichts gegen das Judentum gesagt?« Der Koordinator antwortete, daß es manchmal Probleme mit dem Essen gebe, auch wenn sie normalerweise folgsam ihre Diät esse. Ich fand diese Antwort nicht ganz richtig.

Vor ein paar Tagen machte sie wieder Probleme beim Essen. Ich hatte das Gespräch mit ihren Eltern noch genau im Kopf und blickte sie wütend an. »Du darfst nicht tun, was dir dein Glaube verbietet.« Auf einmal begann sie zu schluchzen und sagte: »Jetzt hast du genau solche Augen wie Opa auf dem Gemälde.« Sie war nicht zu beruhigen. Ich fühlte mich unglücklich und hilflos. Ich habe das Problem dem Team vorgelegt und bekam den Rat, nicht so prinzipientreu zu sein und manchmal auch etwas zu übersehen. Aber das Schluchzen kann ich echt nicht vergessen. Es macht mir echt zu schaffen.

Vorschläge für die Diskussion dieses Fallbeispiels:

1) Sich eine Übersicht der Situation zu verschaffen:
- Wo hält sich Esther auf? (medizinisch/pädagogische Einrichtung)
- Warum wurde sie aufgenommen? (Schwierigkeiten zu Hause, in der Schule, schlechte Noten trotz Intelligenz)
- Gibt es einen Interventionsplan? (noch nicht, man arbeitet daran)
- Wie ist die Familiensituation? (Junge, Mädchen=Esther, Junge)
- Wie alt sind Vater und Mutter? (um die Vierzig)
- Ist etwas von einem Opa (einer Oma) bekannt? (nein)
- Wie benimmt sich Esther in der Gruppe? (ein bißchen scheu, hat keine wirklichen Freundinnen)
- Wie groß ist die Gruppe? (neun Kinder, drei Betreuerinnen)

Aus der Arbeitsgruppe können weitere Fragen zur Verdeutlichung der Situation gestellt werden.

2) Nun können Sie alle Gruppenmitglieder folgende Fragen schriftlich beantworten lassen:
- Was halten Sie von diesem Problem?
- Was hätten Sie in einem solchen Fall getan?
- Aus welcher Motivation heraus hätten Sie gehandelt?

Dadurch wird jedes Gruppenmitglied zu einer eigenen Position gezwungen, die Diskussion bleibt nicht im Unverbindlichen hängen, und jeder wird persönlich am Thema beteiligt.
Jeder einzelne teilt mit, was er aufgeschrieben hat.

3) Die Einschätzung eines jeden einzelnen prüfen: Ist dies der »normale« Fall eines Mädchens, das mit seiner Diät Schwierigkeiten hat, wie es oft passiert, oder hat das Problem noch eine besondere Bedeutung? (Wie interpretieren Sie die Aussagen des Vaters und der Mutter, wie das Gemälde des Großvaters, wie ihr Jüdischsein?)
- Ist essen »einfach« essen (den Magen füllen), oder hat es auch eine kulturelle und vielleicht sogar psychische Bedeutung?

(Essen hat immer auch eine kulturelle Bedeutung, vor allem in diesem Fall, wenn man die Reaktionen der Eltern bedenkt. Es kann auch eine psychische Bedeutung haben: dazugehören wollen zum

Beispiel). Mit anderen Worten: Es ist wichtig, nach Hintergründen (also auch in ihrem Jüdischsein) für Esthers Verhalten zu suchen.

4) Welche Reaktionen ruft das Bild von Juden am Freitagabend, am Samstag in Ihnen wach: gekleidet in lange schwarze Mäntel mit einem schwarzen Hut oder einem kleinen, runden Käppchen? Wenn Sie das Bild nicht aus Erfahrung kennen, versuchen Sie, es sich vorzustellen.
- Was ruft es bei Ihnen hervor, daß Juden im Staat Israel palästinensische Gebiete besetzt halten?

(Antworten aufschreiben, um die eigene Haltung deutlich zu machen.)

5) Was wissen Sie vom jüdischen Volk?
- Entstehung (Fundament für die Christen und auch für die Moslems)
- Geschichte (seit Beginn unserer Zeitrechnung über Europa und Nordafrika zerstreut = Diaspora), verfolgt vom Mittelalter bis in unsere Zeit (Holocaust), Gründung eines eigenen Staates Israel, Bedrohung des Staates durch die Araber, noch immer in verschiedenen Ländern unterdrückt (unter anderem Rußland, Äthiopien).
- Hintergründe des Rassismus gegen die Juden (Sündenbockmechanismus, Neid auf ihre sowohl finanzielle als auch intellektuelle Macht, religiöse christliche Auffassungen – »verantwortlich für den Tod Jesu« –, das deutlich erkennbare Anderssein orthodoxer Juden, das Fremde –).
- Die Gefühle der Juden gegenüber Nichtjuden nach dem Zweiten Weltkrieg (Mißtrauen, Bedrohung, Sehnsucht nach einem eigenen Land usw.).

6) Allmählich kommen ziemlich viele Aspekte auf den Tisch. Wenn wir nun wieder zu Esther zurückkehren, sollten folgende Fragen besprochen/diskutiert werden:

a) Bezüglich Vater/Mutter/Oma/Opa
Opa und Oma haben den Holocaust des Zweiten Weltkriegs überlebt. Dies muß einen großen Einfluß auf die Familie ausgeübt haben, in der Vater/Mutter aufgewachsen sind. Opa und Oma haben zweifellos viele Familienmitglieder verloren.

- Was hat das wohl für die Familienatmosphäre bedeutet?
  Zur Beantwortung dieser Frage sollten Sie sich noch einmal Kapitel 6, Punkt 3 anschauen.
- Vater und Mutter sind als »Kinder der zweiten Generation« aufgewachsen. Was hat das wohl für sie bedeutet?
  Zur Beantwortung dieser Frage verweise ich auf Kapitel 7.
- Was ist über die Situation von Juden als sehr kleine Minderheit innerhalb der niederländischen Gesellschaft und innerhalb der Weltbevölkerung anzumerken (rassistische Tendenzen)? Vgl. Kapitel 7 (auch die jüdische Kultur kennt eine ziemlich ausgeprägte »Befehlswirtschaft«.)

b) Bezüglich Esther
   Esther wächst in einer Familie frommer Juden auf, vielleicht sogar orthodoxer Juden (d.h. strenges Einhalten der jüdischen Religionsgesetze).
- Was könnte es für sie bedeuten in Hinblick auf ihre Identitätsentwicklung? Sie ist vom Holocaust-Erleben weiter entfernt als ihre Eltern. Doch das strenge Gesicht ihres Großvaters ist anwesend (und merklich nicht nur als Bild). Auch ihre Kontakte mit nichtjüdischen Klassen- und Gruppenkameraden dürfen nicht vernachlässigt werden (vgl. Kapitel 7).
- Inwieweit könnte es sich bei ihr um einen Loyalitätskonflikt handeln?
- Wie könnte sie in Konflikt mit ihrer eigenen Familienstruktur und Familienatmosphäre geraten?
- Rassismus, Diskriminierung, Ausnahmeposition: Sie muß zu Hause darüber gehört haben. Könnte das etwas aussagen über ihre Art und Weise, ihre Diät einzuhalten bzw. nicht einzuhalten?

Solche Fragen können zu Einsichten führen, die Ihnen die Richtung für einen Interventionsplan aufzeigen können oder die Sie wenigstens prüfen sollten.

7) Überprüfen Sie, ob Sie noch dem zustimmen, was Sie zu Punkt 4 aufgeschrieben haben.
- Was ändern Sie nun?
- Was ergänzen Sie?

Die Antworten könnten in der Gruppe besprochen werden, denn eine gemeinsame Reflexion kann Ihr eigenes Bild ergänzen.

8) Überprüfen Sie zum Schluß, was Sie zu Punkt 2 aufgeschrieben haben.
- Was halten Sie nun von dem Problem? Lesen Sie den Fall noch einmal durch.
- Was halten Sie von der Kommunikation zwischen Koordinator und Sozialarbeiter?
- Wie finden Sie die Haltung des Teams?

Falls Sie an der Erstellung eines Interventionsplans beteiligt sind:
- Was würden Sie gerne sofort realisiert sehen wollen, um Esther bei der Erlangung einer eigenen Identität zu helfen?
- Was würden Sie gerne näher untersucht haben?
- Wie würden Sie sich wünschen, daß mit dem konkreten Anlaß dieses Problems (dem Einhalten der Diät) umgegangen wird?

Auch hier könnte ein Gruppengespräch sehr für die Vorgehensweise nützlich sein, um ein detailliertes Bild zu erlangen.

Noch einige Anmerkungen

Dieser Fall wirkte wahrscheinlich nicht besonders schwierig. Es war gut, daß die Betreuerin, die den Fall vorlegte, sich auf ihre Intuition und ihre Gefühle bezog. »Ich fand diese Antwort nicht besonders richtig« und »Aber das Schluchzen kann ich echt nicht vergessen. Es macht mir echt zu schaffen«. Das zweimalige Verwenden des Wortes »echt« ist ein Zeichen für die Authentizität ihres Gefühls. Prima! Die Frage muß nun aber sein: Welche Schlüsse lassen sich daraus ziehen?

Die oben angeführte Analyse hat hoffentlich ausreichend gezeigt, daß diese Schlüsse allein nicht zu individuellem Handeln führen sollten, sie müssen im Team besprochen werden. Wenn man im Team nicht untergehen will (wie im Beispiel), muß man die eigenen Schwierigkeiten begründen können. Das heißt:
- Man muß sich seiner eigenen Haltung bewußt sein, seiner Auffassungen, Werte, Normen und Empfindlichkeiten, und das Anderssein des anderen muß man bewußt ernst nehmen. In der Diskussion muß man daran arbeiten, daß dies auch für die anderen Teammitglieder nicht tabu ist.
- Man muß angeben, was wichtig ist, damit sich das Team in dieses Anderssein vertiefen kann, in unserem Fall: in die Situation von Juden.

Durch diese beiden Punkte, die im Teamgespräch nicht zu trennen sind, kommt man in die Lage, Tatsachen für sich selbst sprechen zu lassen. So bleiben sie nicht unter einer Schicht aus subjektiven Meinungen verborgen (vgl. den Schluß von Kapitel 4, Faustregeln), und es kann ein guter Interventionsplan gefunden werden.

Fallbeispiel: Johan

Johan arbeitet beim städtischen Sozialdienst und hat viel mit Migranten zu tun. Er erzählt:

»Ihr könnt leicht über interkulturelle Kommunikation reden. Aber ihr solltet mal mitten drin sein! Da hilft die Theorie nicht viel weiter! Schaut, ich möchte den Migranten ja helfen. Genau genommen bin ich sogar gern bereit, sie ein bißchen vorzuziehen. Oft genug sind sie nicht aus freien Stücken hergekommen. Und wir haben ganz ordentlich von ihnen profitiert, sowohl dort, in ihren Heimatländern, als auch hier, bei uns, stimmt doch, oder! Aber das ist auch eine heikle Sache, dieses Ein-bißchen-vorziehen. Sie packen sofort die ganze Hand! Und dann kommen sie alle! Und es gibt Streit. Nein, ich bin jetzt streng sachlich geworden. Alle Menschen sind für mich gleich. Dafür brauche ich keine interkulturelle Kommunikation. Ich will nicht sagen, daß es immer prima klappt. Schwierigkeiten gibt es aber auch mit Alteingessenen. Trotzdem ist es mir seltsamerweise unangenehmer, wenn ich zum Beispiel mit Surinamer Probleme bekomme als mit den eigenen Leuten. Ich weiß nicht, woran das liegt. Vielleicht daran, daß sie wehrloser sind, glaube ich manchmal. Neulich kam zum Beispiel eine surinamische Frau. Eine schöne, dunkle Frau, nicht schwarz. Schöne Augen. Sie kam mit zwei kleinen Kindern zu mir. Sie war in einer beschissenen Situation. Ich half ihr. Hinterher stellte sich heraus, daß ich ihr auf den Leim gegangen bin. War meine eigene Schuld. Hätte ich ein bißchen weitergefragt, wäre ich wohl draufgekommen, was wirklich los war. Ihr hat's auch nicht viel gebracht, sie ist erwischt worden. Nun ja, wir haben über interkulturelle Kommunikation gesprochen. Wird wohl für irgendwas gut sein, aber ich seh's nicht vor mir.«

Besprechung

Johan brachte diese Geschichte in einem Kurs vor. Als ich zu Hause war, schrieb ich alles so wörtlich wie möglich aus der Erinnerung nieder. Ich wollte diese Geschichte nicht verlieren, vor allem nicht, weil ich mich so gut hineinversetzen konnte und weil die Diskussion spannend verlief. Ich notiere sie hier, weil in jeder Gruppe eine solche Geschichte auftauchen könnte. Und vielleicht ist mein Ansatz für andere eine Anregung.

In dieser Geschichte gibt es einige Widersprüche:

Beschluß, sachlich aufzutreten – eine nicht allzu sachliche Hilfe für die surinamische Frau; alle Menschen sind gleich – bei Mißerfolg gefühlsmäßig unterschiedliche Reaktion, je nachdem, ob es sich um Migranten oder Inländer handelt.

Auch seine Wortwahl wirft Fragen auf: Surinamer – eigene Leute; schöne, dunkle Frau, nicht schwarz.

Ich bin anfangs nicht auf diese Dinge eingegangen, weil ich das Risiko nicht eingehen wollte, daß es zu einer ernsten Auseinandersetzung kommt. Tatsächlich hatte seine Geschichte etwas von einem Angriff auf den Inhalt des Kurses. Sie hatte etwas Herausforderndes, und ein »Gegenangriff« führt oft nur zu einer Verhärtung der Positionen.

Ich stellte der Gruppe daher die ziemlich neutrale Frage: Welche Botschaften hören Sie aus Johans Geschichte?

Zwei Botschaften waren angekommen:

1) Der Kurs ist nicht besonders sinnvoll.
2) Es ist doch etwas anderes, ob man es mit Migranten oder mit Inländern zu tun hat.

Ich schlug vor, mit dem zweiten Punkt zu beginnen. Meine Wahl wurde durch die Überlegung bestimmt, daß eine Diskussion über den Sinn des Kurses entweder zu einer allgemeinen Kritik und Bewertung führen würde oder aber zu einer Verteidigung des Kurses durch mich. Dann hätte der zweite Punkt keine Chance mehr gehabt, an die Reihe zu kommen. Außerdem hatte ich das vage Gefühl, daß eine Diskussion des zweiten Punktes auch dem Kurs als Ganzes nützen würde. Mit anderen Worten: Der Angriff auf den Kurs konnte auch ein Abwehrmechanismus sein.

Die Teilnehmer stimmten zu, auch Johan. Tatsächlich war dies der erste Schritt der Drei-Schritte-Methode.

Ich fragte Johan: »Du hast darüber gesprochen, daß wir, die Niederländer, ganz schön von den Migranten profitiert haben und daß du sie deshalb ein bißchen vorziehen wolltest. Wir haben über Rassismus und Diskriminierung gesprochen. Das tust du nicht, aber als was würdest du das bezeichnen, was du tun wolltest?«
Ein Gruppenmitglied half Johan. »Positive Diskriminierung.«

Ich griff das Wort auf:

- Was bedeutet das?
- Wie ist es entstanden?
- Seht ihr das selbst auch?

Johans Geschichte war illustrativ genug für die Beantwortung dieser Fragen, und viele Kursteilnehmer kamen mit eigenen Erfahrungen zu Hilfe.

- »Es hängt mit unserer Haltung zusammen. Es ist eine Art Schuldgefühl. Wir finden, wir haben etwas gutzumachen. Zu Recht. Aber nehmen wir den anderen mit einer positiven Diskriminierung wirklich ernst?«

  Die Diskussion führte zu folgenden Ergebnissen:
- Positive Diskriminierung kann gut sein, wenn sie jedem klar ist und kein Mißbrauch damit getrieben werden kann. Das Wort »Bevorzugungspolitik« fiel. Mit anderen Worten: Passiert positive Diskriminierung als »Politik«, ist sie gut und wirkt emanzipatorisch.
- Positive Diskriminierung als individuelle Aktion ist gefährlich: Man geht von eigenen Gefühlen aus und achtet zuwenig auf die wirklichen Interessen der Migranten und ihrer Umgebung (die anderen Migranten) innerhalb der Möglichkeiten des sozialen Dienstes.

Ich fragte Johan: »Was du mit der surinamischen Frau gemacht hast – sie wird eine Hindustanin gewesen sein –, war das nicht auch positive Diskriminierung in der zweiten Bedeutung?«

Johan stimmte mir zu. »Ja, ich glaube schon.«

Der Gruppe stellte ich die Frage: »Findet ihr es seltsam, wenn Klienten diese Haltung mißbrauchen?«

Nach einigen emotionalen Reaktionen konnte sich die Gruppe auf folgendes einigen: Migranten leben oft unter schlechten Bedingungen, und da ist es eine Überlebensfrage, ob man geschickt ist; warum sollen Migranten nicht ebenso gerissen sein wie Niederländer? Wenn wir von ihnen profitiert haben, dann haben sie doch

recht, wenn sie ein bißchen zurückbekommen wollen. Ich fügte noch hinzu:

»Es hat wohl auch mit ihrem Ehrgefühl zu tun, und mit einer anderen Wertung von Gerechtigkeit.« (Ich verweise auf Kapitel 5.)

»Was meinst du?« fragte ich Johan.

Er stützte das Kinn auf. »Ja, also ein klares, sachliches Auftreten. Das ist es.«

Aus der Gruppe kamen Reaktionen. »Das hattest du dir ja vorgenommen, und doch bist du reingefallen.«

»Woran liegt das wohl?« fragte ich.

Jemand meinte: »Du hast ›streng sachlich‹ gesagt. Ich glaube, das ist Blödsinn. Du sagst ja selbst, daß du die Geschichte und die beschissene Situation der Leute verstehen kannst. Das solltest du nicht wegschieben, aber du brauchst sie auch nicht vorzuziehen. Wenn du mit dieser Frau aus deiner persönlichen Sicht und trotzdem realistisch gesprochen hättest, hättet ihr vielleicht etwas Kreatives herausgefunden. Jedenfalls hättest du kein unangenehmes Gefühl zurückbehalten, und die Frau wäre nicht erwischt worden.«

Johan dachte lange nach, dann nickte er bestätigend. Aber ich war noch nicht fertig. »Ich glaube, Johan, es geht um mehr. Du sagst, du würdest ihre Situation verstehen. Sehr gut. Aber zugleich entdecke ich noch ein anderes Gefühl. Ist jemand etwas an Johans Wortwahl aufgefallen?«

Alle lachten. Johan blickte sich etwas dümmlich um.

»Wie findet ihr die Gegensätze in Johans Geschichte: Surinamer – eigene Leute.«

»Na ja, das sagt man so.«

»Damit bin ich nicht einverstanden. Solche fast zufälligen Wörter verraten uns etwas über uns selbst. Du hast gesagt, Johan, alle Menschen wären für dich gleich. Aber ist das wirklich so? Wir sind doch auch Kinder unserer eigenen Geschichte, in der wir uns gegenüber Menschen aus anderen Erdteilen immer überheblich verhalten haben. Wir haben doch alle an Nikolaus gesungen: ›Auch wenn du schwarz wie Ruß bist, so meinst du es doch gut.‹ Ich glaube, wir müssen diese Gefühle bei uns erkennen. Sonst machen wir sie zum Tabu. Und das heißt, daß wir die Gefühle in uns selbst ins Gefängnis stecken. Ein Dieb wird immer versuchen, aus dem Gefängnis auszubrechen, und wenn der Wächter schläft, tut er das auch. Deine Geschichte ist dafür ein gutes Beispiel. Du sagst: Ich will nicht diskriminieren, aber unbemerkt signalisierst du auch et-

was anderes. Ich weiß auch nicht genau, wie ich das verstehen soll, als du mit einer gewissen Betonung gesagt hast, daß diese Frau nicht schwarz war. Offenbar spielte die Farbe für deine Geschichte keine Rolle, und trotzdem hast du sie erwähnt.«

»Ich bin kein Rassist«, sagte Johan, der sich sichtlich unbehaglich zu fühlen begann.

»Nein, das habe ich auch nicht gesagt. Es ist Zufall, daß wir gerade bei deiner Geschichte darauf zu sprechen kommen. Du hast ganz ehrlich deine Geschichte erzählt und bist dabei das Risiko eingegangen, dich bloßzustellen, du hättest ja auch den Mund halten können, und dann hätte uns was gefehlt. Nein, ich bin überzeugt davon, daß wir, wenn wir genau hinhören, auch in jeder offen dargestellten Geschichte eines anderen Kursteilnehmers solche Dinge raushören könnten.«

Johan war sichtlich erleichtert.

»Aber, Johan, wir haben noch einen Punkt. Den ersten, über den Sinn des Kursus ...«

»Ich glaube«, sagte Johan, »daß ich darüber erst noch mal gründlich nachdenken muß.«

Alle lachten.

Ich redete weiter als Dozent. »Wenn du darüber nachdenkst, dann denk auch an die Abwehrmechanismen, die wir in einer früheren Sitzung kennengelernt haben ...« (vgl. Kapitel 3)

Johan kratzte sich hinter dem Ohr. »Ich werd's mir überlegen, ob ich noch mal mit so einer Geschichte ankomme.«

»Das war nicht einfach, was?«

Und dann, spontan: »Danke!«

Die Geschichte von Johan kann als Fallbeispiel einer Gruppe zur Diskussion vorgelegt werden. Eine solche Diskussion wird natürlich anders verlaufen als die oben beschriebene. Es könnte interessant sein, nach dem Ende die Diskussion zu bewerten.

Untersuchen Sie, wie in den beiden vorherigen Beispielen die Drei-Schritte-Methode angewendet wurde und wie sich vor allem Meinungen und Tatsachen voneinander unterscheiden (vgl. Kapitel 4).

8. Körpererleben, Sexualität, Krankheit und Gesundheit

Im Gespräch eines Sozialarbeiters mit dem Klienten kann das körperliche Wohlbefinden oder Unwohlbefinden eine große Rolle spielen. Das Erleben des eigenen Körpers ist kulturell geprägt. Das gilt nicht nur für die Sexualität, sondern auch für Krankheit und Gesundheit. Darum behandle ich diese Phänomene in einem gesonderten Kapitel. In Kapitel 5 über die wichtigen kulturellen Unterschiede wurden einige Fragen bereits angetippt:

- Die Unterschiede zwischen den Geschlechtern wiegen in F-Kulturen schwerer als in G-Kulturen.
- In G-Kulturen ist das Körpererleben fragmentarisiert: Wir wissen ziemlich genau anzugeben, an welcher Stelle unseres Körpers wir Schmerzen haben. In F-Kulturen ist dieses Erleben viel ganzheitlicher: Der ganze Körper tut weh.
- In G-Kulturen beachtet man psychische Probleme, die sich in körperlichen Beschwerden äußern können, weit mehr als in F-Kulturen, die körperlichen Beschwerden vor allem medizinisch behandelt haben wollen.

Im ersten Abschnitt behandle ich das Körpererleben ganz allgemein, außerdem seine Konsequenzen für die Mann-Frau-Beziehungen und für das Erleben von Krankheit und Gesundheit.

Den zweiten Abschnitt widme ich psychosomatischen Phänomenen.

Im dritten Abschnitt betrachte ich die »übernatürlichen« Erklärungsformen für psychische Erkrankungen (z.B. Besessenheit).

In jedem der Abschnitte mache ich Vorschläge für die Sozialarbeit und das interkulturelle Gespräch.

Literaturhinweise: P. Lamers, Hrsg.: »Hulpverlening aan Migranten« (Sozialarbeit mit Migranten), Samsom Stafleu, 1987. Fatima Mernissi: »Achter de sluier« (Hinter dem Schleier), Sara 1985.

8.1 Körpererleben

In F-Kulturen ist das Körpererleben also stark durch das Geschlecht bestimmt. Dies hatte ursprünglich sicher einen sozial-ökonomischen Hintergrund: Der harte Kampf um die Existenz und die Mühe, das Überleben der Gruppe zu sichern (eine hohe Kindersterblichkeit aufgrund geringer medizinischer Möglichkeiten) führten zu einer deutlichen Zweiteilung in der Gesellschaft. Sie war stärker als zum Beispiel in westlichen Kulturen, die seit etwa hundert Jahren unter relativ guten ökonomischen Bedingungen und mit einer guten Gesundheitsfürsorge lebten und leben.

Für F-Kulturen bedeutete das, daß die Kräfte der Männer vor allem zur Existenzsicherung eingesetzt werden mußten, die Frauen hingegen vor allem für das Gebären von Kindern und die Versorgung des Haushaltes zuständig waren.

In der westlichen Gesellschaft ist diese Zweiteilung zwar auch festzustellen, hat in den letzten Jahrzehnten allerdings abgenommen.

Die Folgen dieser strengen Zweiteilung für die F-Kulturen sind:

- Männer gehen nach außen und haben einen gesellschaftlichen Status, während Frauen ihre Domäne innerhalb des Hauses haben. Die patriarchale »Befehlswirtschaft« verleiht dem zusätzliches Gewicht.
- Die Geburt eines Jungen ist wichtiger als die Geburt eines Mädchens und stärkt das Ansehen der Mutter. Für den Vater bedeutet ein Sohn das Weiterleben seines Geschlechts. Es ist sein direkter Beitrag dazu, daß die Gruppe auch in Zukunft Arbeitskräfte haben wird. Die Mutter ist stolz auf ihren Sohn. Die Größe seines Pimmels wird in den Badehäusern mit denen anderer Jungen verglichen. Schon von den ersten Lebensjahren an steht seine Männlichkeit im Zentrum. Der Höhepunkt in seiner Entwicklung zum Mann ist die Beschneidung, durch die er in die Männerwelt und die Welt des Islam eingeführt wird.
- Die Geburt eines Mädchens ist ebenfalls ein Beweis für die Fruchtbarkeit der Mutter und bedeutet gleichzeitig eine Ehre für die Familie. Die Erziehung des Mädchens dient der Vorbereitung auf die Ehe. Keusches Verhalten und Jungfräulichkeit gehören zur Ehre der Familie und werden von den Familienmit-

gliedern streng bewacht. Der Höhepunkt ihrer Existenz als Frau ist die Geburt ihrer Kinder. Kinder bekommen ist wesentlich für sie. Das ist auch ein Grund, daß sie sich nicht so leicht zur Verwendung von Verhütungsmitteln entscheidet: Damit nimmt sie sich die Möglichkeit der Mutterschaft (auch wenn sie schon Kinder hat!). Außerdem macht es sie hilflos ihrem Mann gegenüber (sie wird sozusagen seine Hure).

- Auch die religiösen Reinigungsvorschriften widmen dem Körper große Aufmerksamkeit. Unreinheit entsteht durch das Ausscheiden von Urin, von Kot, von Sperma oder Blut. Vor dem Gebet verrichtet man die kleine Reinigung, die aus dem Waschen von Händen, Unterarmen, Füßen und Kopf besteht.
  Auch Sexualverkehr, Kindbett und Menstruation machen unrein (Frauen sind also oft unrein) und erfordern eine große Reinigung (ein Baden des ganzen Körpers).

Zusammenfassend läßt sich also feststellen, daß Männer und Frauen ihr Gefühl für den eigenen Wert zu einem erheblichen Teil über ihr Geschlecht definieren und daß Körpererleben ein wichtiger Aspekt ihrer Existenz ist.

Gesundheit bedeutet, einen gesunden männlichen oder weiblichen Körper zu haben. Nun ist in jeder Kultur Gesundheit sozusagen etwas Selbstverständliches und führt nicht zu Problemen.

Krankheit jedoch appelliert an kulturelle Werte und Akzeptanz: Wie erlebt man sein Kranksein, und wie ist die Reaktion der anderen? Die Antworten darauf erklären das kulturell bedingte Körpererleben etwas genauer.

Ganz allgemein kann man sagen, daß sowohl in G- als auch in F-Kulturen Krankheit etwas ist, was sich eigentlich nicht gehört. Krankheit muß vermieden oder gegebenenfalls bekämpft werden. Manche Krankheiten können auch religiös verherrlicht werden, darauf kann ich hier aber nicht eingehen. Außerdem beschränke ich mich auf F-Kulturen.

In F-Kulturen wird Krankheit oft als Versagen angesehen. Der Mann mit seiner Aufgabe, zu arbeiten, versagt und verliert an Ansehen. Die Mitglieder seiner Familie bringen weniger Respekt für ihn auf, und dieses Gefühl ist stärker als ihr Mitleid. Dasselbe gilt auch für Frauen, die beispielsweise bei Unfruchtbarkeit manchmal sogar verstoßen werden können.

Das dahinterstehende Menschenbild ist in diesen Kulturen viel stärker auf den Menschen als Teil einer Gruppe gerichtet, während in G-Kulturen das Individuum im Vordergrund steht.

Als Teil der Gruppe ist der Mensch vor allem ein arbeitendes und produzierendes Wesen. Für einen männlichen Migranten wird dies noch besonders betont durch die Situation, in der er lebt.

- Migranten migrieren, um zu arbeiten.
- In dem neuen Land werden sie nur wegen ihrer Arbeitskraft geschätzt.

In dieser Situation kann der Migrant es sich überhaupt nicht erlauben, krank zu sein. Das verbietet sowohl seine eigene ökonomische Position als auch die Tatsache, daß er nicht versagen darf (Ehrverlust).

Es gibt noch einen Aspekt des Körpererlebens, der hier genannt werden muß: Körpererleben als Totalität. In unserer G-Kultur ist unser Körper in viele Teilbereiche »individualisiert«. Die medizinische Wissenschaft weiß immer mehr über immer weniger, verliert aber dadurch leicht das Ganze aus den Augen. Die Menschen selbst leiden darunter, denn sie erleben sich nicht als fragmentarisierte Wesen, sondern als Ganzheiten. Zwar ist bei Menschen (das heißt also bei jedem von uns!) die Fähigkeit, Krankheit und Schmerz zu lokalisieren, relativ gut entwickelt. Trotzdem haben Kopfschmerzen nicht nur etwas mit dem Kopf zu tun: Man kann sich ganz und gar jämmerlich fühlen, wenn einem der Kopf weh tut.

In F-Kulturen ist der Einfluß der modernen westlichen Wissenschaft (noch) nicht so bestimmend, und die Tendenzen, den Körper zu fragmentarisieren, sind daher viel geringer. Schmerz wird viel totaler erfahren. »Ich habe Schmerzen, überall habe ich Schmerzen, vor allem im Rücken.«

Wir haben bereits gesehen, wie schnell wir, die »Westler«, geneigt sind, dieses Verhalten als theatralisch zu betrachten, während es in Wirklichkeit Ausdruck eines ganzheitlichen Körpererlebens ist. Wir können das auch ganz gut verstehen. Denn, wie bereits gesagt, Schmerzen im Rücken beeinflussen die ganze Person.

Eine Konsequenz daraus ist, daß die Medizin in F-Kulturen viel ganzheitlicher ausgerichtet ist. Man ist zum Beispiel weniger auf den schmerzenden Rücken fixiert, obwohl auch der nicht vernachlässigt wird, sondern hat den ganzen Körper im Blick. Bei der Behandlung wird man, mehr als bei westlichen Methoden, Mittel und

Kräfte berücksichtigen, die den Menschen als Ganzheit beeinflussen.

Ähnliche Ansätze gibt es bei uns auch, aber sie spielen noch eine untergeordnete Rolle: Man denke bei uns an die anthroposophische Heilkunde, die dem ganzen Körper ihre Aufmerksamkeit schenkt. Dahinter steckt die Ansicht, daß ein kräftiger Körper (und ein kräftiger Geist) für die Gesundung eines bestimmten Teils eine enorme Bedeutung besitzen.

Diese Mentalität von F-Kulturen spielt eine große Rolle, wenn Menschen psychisch krank sind. Die Art der Behandlung – so seltsam sie uns vielleicht vorkommt – zielt oft darauf ab, Kräfte im »ganzen« Patienten zu mobilisieren. Im nächsten Abschnitt werde ich darauf eingehen.

8.2 Psychosomatische Phänomene

In Kapitel 5, als es um die typischen kulturellen Eigenheiten von F-Kulturen ging, wurde gesagt, daß diese Kulturen im allgemeinen wenig entwickelt sind, was die Reflexion des psychischen Erlebens einzelner Menschen betrifft. Die Eingebundenheit in die Gruppe bringt es mit sich, daß vor allem die sozialen Aspekte des Lebens und der Gesellschaft Beachtung finden. Für das Individuum bedeutet dies, daß es bei körperlichen Beschwerden nicht besonders geneigt ist, auf die psychischen Faktoren zu achten, es sei denn, daß Besessenheit oder Beeinflussung durch Geister als Erklärung herhalten müssen.

In diesem Abschnitt geht es um körperliche Beschwerden, die möglicherweise auf eine psychische Ursache zurückzuführen sind. Nun könnten wir uns auch fragen, ob wir in den G-Kulturen nicht zu leicht über psychische Probleme sprechen, als wären diese losgelöst von der körperlichen Existenz. Wie erfahre ich denn psychische Spannungen anders als durch den Körper? Ich habe in meiner Kultur gelernt, daß hinter meinen körperlichen Beschwerden etwas anderes stecken kann. Vielleicht brauche ich einen Fachmann (zum Beispiel einen Psychiater), um herauszufinden, was dieses »Andere« ist. In F-Kulturen hat dieser Lernprozeß (noch) nicht stattgefunden. Daher werden körperliche Beschwerden nur körperlich erlebt, und deshalb gibt es auch kaum eine Psychiatrie in diesen Ländern.

Es ist wohl einsichtig, daß hier für die Migranten erhebliche Schwierigkeiten entstehen können, aber auch für unsere Sozialarbeiter. Ich verweise auf Kapitel 1, in dem es um die Voraussetzungen für eine gelungene Kommunikation geht. Beide Partner müssen grundsätzlich das Objekt der Kommunikation kennen und eine gewisse Sensibilität für den Interpretationsrahmen des anderen besitzen. Es geht hier um den zweiten Aspekt des Lebensweltmodells. Kommunikation ist nicht möglich, vor allem nicht in einem sozialpädagogischen Gespräch, wenn der Helfer achtlos über die Einstellungen, Werte und Normen seines Gesprächspartners hinweggeht. In Kapitel 5 (wichtige kulturelle Aspekte) kam dieses Problem ausführlicher zur Sprache.

Der Unterschied zwischen F-Kulturen und G-Kulturen besteht nicht darin, daß der Körper das Sprachrohr für emotionale Probleme ist – das gilt für beide Kulturen –, sondern daß man in F-Kulturen an die Diskutierbarkeit emotionaler Gründe hinter körperlichen Beschwerden nicht gewöhnt ist, sie sind ein Tabu. Das möchte ich näher erläutern.

Emotionale Gründe als Verursacher einer Krankheit (die den Migranten zum »Versager« macht) werden bestimmt nicht mit einem Angehörigen der Outgroup diskutiert. Die Ehre des erkrankten Migranten steht auf dem Spiel. Labilität, Unzufriedenheit, Schuldgefühl, Ängste (vgl. auch Kapitel 6, wo es um das Erleben des Migrantseins geht) können für den Migranten im Gespräch mit einem Partner aus der Outgroup Gesichtsverlust bedeuten. Er drückt sich mit Hilfe körperlicher Beschwerden aus, und er erwartet, daß diese Beschwerden ernst genommen werden.

Aus diesen Gründen schlage ich folgende Vorgehensweisen für eine gute interkulturelle Kommunikation vor:

- Der Berater muß als erstes die Beschwerden des Hilfesuchenden ernst nehmen, bevor ein Gespräch über eine möglicherweise verborgene Problematik möglich wird. Das gilt sowohl für den »Patienten« selbst als auch für dessen Familie.
- Zweitens muß sich der Berater bewußt sein, daß der Migrant mit seinen körperlichen Beschwerden nicht über eine psychische Erkrankung sprechen wird und es vielleicht auch kaum könnte. Eine psychische Erkrankung ist für ihn etwas vollkommen anderes, wie wir im nächsten Abschnitt sehen werden.
- Wenn der Berater sofort eine mögliche psychische Erkrankung zur Sprache bringt, macht er die körperlichen Beschwerden des

Migranten nur noch schlimmer und beeinträchtigt sein Ehrgefühl.

- Daher ist es wichtig, mit dem Migranten zuerst über seine Situation zu sprechen, über seine Arbeitsbedingungen, seine Migrantensituation, seine Aufgaben als Mann und Vater oder als Frau und Mutter (vgl. Kapitel 2, Formen der Kommunikation, vor allem der impliziten Kommunikation). Diese Anerkennung schafft Vertrauen. Und zusätzliche Informationen schärfen das Gehör des Sozialarbeiters und verhindern, daß er mit seiner eigenen Interpretation übers Ziel hinausschießt.
- Erst danach wird es möglich, gemeinsam mit dem Gesprächspartner mögliche (psychische) Ursachen zu suchen, wobei das Wort »psychische Erkrankung« unbedingt vermieden werden muß. Auch in dieser Phase des Gesprächs ist es wichtig, den Migranten ganzheitlich zu beraten. Das heißt: Man sollte die körperlichen Beschwerden als Ausgangspunkt sehen und nach kreativen Möglichkeiten suchen, dem Migranten zu zeigen, wie seine Beschwerden beispielsweise mit zuviel Streß am Arbeitsplatz zusammenhängen könnten.
- Und zum Schluß: Immer etwas gegen die körperlichen Beschwerden unternehmen! Ein Kind, das sich schlecht fühlt, weil es zum Beispiel von zu Hause weggelaufen ist, muß nicht nur getröstet werden, es braucht auch eine Medizin. Die Anerkennung der Beschwerden beruhigt. Das gilt auch für erwachsene Migranten. Angenommen, er bekommt keine Medizin, was soll er dann zu Hause erzählen?

Zusammenfassend:

Das ganzheitliche Körpererleben der Migranten verlangt auch eine vollkommen ganzheitliche kommunikative Annäherung.

8.3 Übernatürliche und nicht-rationale Erklärungsgründe

Die Grenzen zwischen dem letzten Abschnitt und diesem verlaufen fließend. Die folgende Untersuchung aus der niederländischen G-Kultur wird das verdeutlichen.

Es hat sich herausgestellt, daß Krebspatienten die Ursache ihrer Krankheit meist nicht im medizinisch-biologischen Bereich su-

chen. Darüber herrscht eine große Unsicherheit. Und daß Krebs einfach so entstehen könnte, ist für jeden ein unerträglicher Gedanke.

In seiner Dissertation »Die Geschichte von Krebspatienten«, Utrecht Dez. 1990, im Selbstverlag erschienen, weist Dr. H. ten Krode darauf hin, daß Krebspatienten ihre Krankheit zurückführen auf: Hormone, Kummer, Streß, außereheliche Beziehungen, schikanöse Arbeitgeber, Verfehlungen, bei denen persönliche Schuld eine Hauptrolle spielt, und so weiter. Aus all dem resultieren Schuldgefühle, Angst, Depressionen und die Vorstellung der strafenden Hand Gottes. Diese Untersuchung wird noch interessanter, wenn gezeigt wird, daß ein respektvolles Anhören der Patientengeschichten und ihr Ernstnehmen ein wichtiger Beitrag zur Wiederherstellung ihrer Selbstachtung sind, die durch die Krankheit angetastet wurde. Für die Sozialarbeit bedeutet das unter anderem, daß die Erklärung des Arztes und die des Patienten nicht gegeneinander ausgespielt werden dürfen (die Erklärung des Patienten ist kein »Unsinn«). Nach Ansicht des Forschers ist es aus wissenschaftlicher Sicht nicht ausgeschlossen, daß Ereignisse und Erfahrungen so tief eingreifen, daß Krebs ausbricht, und andrerseits können positive Erfahrungen (andere nehmen meine Geschichte ernst) und eine positive Haltung dem Leben gegenüber Chancen für einen verzögerten Krankheitsverlauf oder sogar auf eine Heilung verbessern.

Ich bin so ausführlich auf diese Untersuchung eingegangen, weil sie einerseits zeigt, daß die sogenannten irrationalen Erklärungsmodelle auch in G-Kulturen gar nicht so irrational sein müssen (damit sind wir wieder in der Nähe der Psychosomatik, wie im vorangegangenen Abschnitt). Andrerseits weist die Untersuchung darauf hin, wie wichtig es für das Selbstwertgefühl und vielleicht auch für den Genesungsprozeß von Patienten ist, daß ihre Auffassungen, ihr Erleben und ihre Erfahrungen ernst genommen werden. Das ist der Kern, um den es mir hier geht. Wir erkennen, daß das »Fremde« an F-Kulturen für uns nicht unbedingt so fremd sein muß und daß es – in einer für uns merkwürdigen Form – vielleicht eine tief menschliche Wahrheit bloßlegt.

Ich werde später darauf zurückkommen. Doch zuerst möchte ich in Umrissen zeigen, wie in F-Kulturen mit psychischen Störungen umgegangen wird.

Ich beschränke mich auf die Welt des Islam, aber die Schlußfol-

gerungen und Vorschläge, die ich für Gespräche im sozialarbeiterischen Bereich daraus ziehe, können auch richtungsweisend sein für Gespräche mit Menschen aus anderen F-Kulturen, zum Beispiel mit Surinamer mit ihrem Glauben an Winti.

Ich diskutiere nacheinander den Glauben an Dämonen, die Bedeutung der Magie und des bösen Blicks sowie körperliche und religiöse Faktoren.

a) Dämonen

Im Koran werden Dämonen als von Allah geschaffene Wirklichkeiten bezeichnet (Jinn, sing.; Jnun, pl.). Sie bilden eine eigene unsichtbare Welt, eine Art Spiegelbild der menschlichen Gesellschaft. Es gibt männliche und weibliche Dämonen, die heiraten und Kinder kriegen. Sie können menschliche und tierische Gestalt annehmen. Sie sind verrückt nach Blut, haben aber einen Ekel vor Salz, Metall und meist auch vor Weihrauch. Im Volksglauben fungieren sie als die Verursacher von allen möglichen Krankheiten wie Rheumatismus, Epilepsie, Masern, plötzliche Fieberanfälle, Lähmungen, Impotenz und so weiter. Wird eine Krankheit Dämonen zugeschrieben, trifft den Patienten keine Schande. Dies ist ein wichtiger Faktor, denn wir haben im ersten Abschnitt gesehen, daß Krankheit oft der Ehre des Migranten schadet. Gibt man Dämonen als Erklärung an, rettet man also seine Ehre. Daher greifen sogar gebildete Marokkaner, die sich gegen den Dämonenglauben abgrenzen, in Krisensituationen heimlich doch darauf zurück. Doch es braucht viel Vertrauen in unsere Sozialarbeiter, bevor sie das zugeben. Ihre Ehre steht auf dem Spiel: Ein gebildeter Mensch glaubt nicht an Dämonen.

b) Magie

Magische Handlungen sind symbolische Handlungen: Sie wollen entweder bewirken, daß der Patient gesund wird, oder einen anderen krank machen. Die bekanntesten magischen Handlungen sind: das Schreiben von Texten, das Darreichen von Tränken, das Aussprechen von Beschwörungen.

Magie ist im orthodoxen Islam verboten, findet sich allerdings häufig im Volksglauben. Ein Bräutigam kann sich, aufgrund vermeintlicher Praktiken eifersüchtiger Frauen, vor Impotenz fürchten. Schwere Depressionen werden manchmal auf magische Beschwörungen zurückgeführt, oder darauf, daß jemand dem Patienten heimlich einen Trank untergeschoben hat.

c) Der böse Blick

Manchen Menschen wird die natürliche Eigenschaft nachgesagt, daß sie allein durch ihren Blick anderen Schaden zufügen können. Man weiß nie genau, welche Menschen über diese Eigenschaft verfügen. Deshalb ist es vernünftig, nichts Böses über einen Anwesenden zu sagen. Auch eine öffentliche Strafe kann so erlebt werden, als sei man vom bösen Blick getroffen worden. Die Folge ist die Angst, daß etwas Schlimmes passieren wird.

d) Körperliche Faktoren

Psychosomatische Beschwerden können auch darauf zurückgeführt werden, daß das Blut nicht mehr richtig zirkuliert oder schmutzig ist. Oder es wird auf übergroße Kälte im Körper hingewiesen. Diese Erklärungen beruhen auf der Auffassung, daß Gesundheit vom Gleichgewicht der vier Lebenssäfte und ihren Eigenschaften abhängt:

- Blut (warm und feucht),
- Phlegma (kalt und feucht),
- schwarze Galle (kalt und trocken) und
- gelbe Galle (warm und trocken).

Ein Ungleichgewicht zwischen diesen Elementen kann die Ursache für alle möglichen Krankheiten sein, auch Geisteskrankheiten. Wenn ein Kranker zum Beispiel über Kälte in seinem Körper klagt, will er damit vielleicht angeben, daß etwas mit seinem inneren Gleichgewicht nicht in Ordnung ist.

e) Religiöse Faktoren

Beschwerden, vor allem aber Geisteskrankheiten, werden häufig auch auf eine direkte Strafe Gottes zurückgeführt. Dies kann auch geschehen, wenn eine Frau ein geistig oder körperlich behindertes Kind zur Welt bringt. Das ist ein schwerer Druck für die Frau, die sich oft keiner Schuld bewußt ist, von der Gruppe aber beschuldigt wird, ihrem Mann untreu gewesen zu sein oder ihm nicht die erforderliche Ergebenheit entgegengebracht zu haben. Die Folge ist, daß diese behinderten Kinder mehr oder weniger im Haus »versteckt« und, wenn sie älter sind, verstoßen werden (es sei denn, ihre Behinderung verhilft ihnen zu Einnahmen beim Betteln). Sozialarbeiter in den wenigen Kinderheimen, die es in F-Kulturen gibt (und die oft noch Heime mit einem westlichen oder christlichen Hintergrund sind), berichten daher auch, daß Eltern diese behinderten Kinder nur selten oder nie besuchen.

Behandlung

Es liegt auf der Hand, daß innerhalb der G-Kulturen Beschwerden, psychische Störungen und Behinderungen diskutiert werden, die den oben genannten Phänomenen zugeschrieben werden. Manche Helfer (Psychiater, Ärzte) behaupten, es handle sich um psychische Störungen und Krankheiten, die nicht kulturell bestimmt seien, sondern nur kulturell geprägte Namen hätten. Deshalb seien sie genauso zu behandeln, wie man es in G-Kulturen üblicherweise tut. Andere (deren Ansicht immer mehr an Gewicht gewinnt) behaupten, Störungen und Krankheiten seien kulturell bedingt, und eine Behandlung sei nur aus der Kultur des Patienten heraus sinnvoll. Als westlicher Helfer sollte man möglichst die Hilfe eines Fachmanns aus der Kultur des Patienten in Anspruch nehmen.

Die zweite Auffassung scheint mir die richtigere zu sein. Folgende Argumente sprechen dafür:

- Eine Benennung ist zugleich ein Hinweis auf das Erleben. Auch wenn Sie selbst die erste Meinung vorziehen, so erlebt doch der Patient (und dessen Familie) es anders. Eine Behandlung, die an diesem Faktum vorbeigeht, ist zum Scheitern verurteilt.
- Ich habe diesen Abschnitt mit einer niederländischen Untersuchung begonnen, die zeigte, daß auch Patienten in G-Kulturen eine andere Erklärung für ihre Krankheit haben als die medizinische Erklärung, und daß sie mit ihrer Sehweise ernst genommen werden müssen. Das gilt ganz bestimmt auch für die Krankheitsauffassung von Migranten. Jede Konkurrenz zwischen ihren Erklärungen und den medizinischen Erklärungen sollte vermieden werden.
- Als Folge ergibt sich: Die F-kulturell bestimmte Behandlung bringt dem Patienten Anerkennung und ist oft auf den ganzen Menschen gerichtet, wodurch vielleicht Kräfte mobilisiert werden, die eine Krankheit zum Stillstand bringen oder ganz verschwinden lassen.
- Nun noch zur Anforderung eines fachkundigen Helfers aus der F-Kultur: Aus unserer G-Kultur heraus können wir nicht oder nur schwer beurteilen, inwieweit die Interpretation des Krankheitsbildes im Rahmen der F-Kultur richtig ist. Mit anderen Worten: Ist diese Erklärung authentisch oder spielen noch andere Faktoren eine Rolle? Einen Faktor habe ich schon genannt:

Krankheit bringt Unehre, außer wenn der Patient und die Familie sie zum Beispiel als Besessenheit definiert. Es scheint mir fast ausgeschlossen, daß man als Außenstehender sinnvolle Aussagen machen kann.

Welche Behandlungsmethoden kennt man nun innerhalb der F-Kulturen? Besonders wichtig sind hier die örtlichen Geistlichen oder Schriftgelehrten. Sie beziehen sich auf den Koran und manchmal auch auf überlieferte magische Praktiken. Sie geben an, ob die Krankheit tatsächlich mit Dämonen zu tun hat, mit Magie, dem bösen Blick, mit einer Disharmonie der Körpersäfte oder mit einer Strafe Allahs. Ihre Behandlungsmethode besteht vor allem aus der Anfertigung eines *Amuletts*, das der Patient um den Hals tragen muß. In diesem Amulett befinden sich ein Stück Papier, auf dem, mit einer speziellen Tinte geschrieben, bestimmte Verse aus dem Koran oder andere »geheimnisvolle« Verse stehen. Manchmal werden dem Patienten auch Koranverse vorgelesen. Zuweilen finden auch *Beschwörungsrituale* in bestimmten religiösen Zentren statt.

Ein zweiter Punkt ist die Hilfe von *Kräuterhändlern*, die ihre Produkte oft auf dem Markt anbieten. Ihre Heilmittel sind meist pflanzlicher Natur, doch manchmal stammen sie auch aus dem tierischen oder mineralischen Bereich. Möglicherweise steht eine jahrhundertealte Erfahrung dahinter, aber auf diesem Gebiet sind auch Scharlatane nicht selten. Es ist jedenfalls kurzsichtig, auch medizinisch gesehen, diese Heilmittel ohne weiteres abzuweisen.

Als drittes gibt es noch die *Heiligenverehrung*. Der Islam kennt heilige Personen, denen eine große Heilkraft zugeschrieben wird (ebenso wie ihren Nachkommen). Viele Pilger ziehen zu ihren Gräbern und bitten um Genesung (vgl. die katholischen Wallfahrtsorte!). An diesen heiligen Orten kommt es zu rituellen Handlungen, bei denen der Patient und seine Familie ein Huhn, eine Ziege oder ein Schaf opfern.

Es ist wohl ersichtlich, daß bei aller Anerkennung der kulturell bestimmten Prägung von (psychischen) Krankheitsbildern diese Behandlungsmethoden in unserer Kultur kaum oder gar nicht angewandt werden.

Dies darf aber nicht dazu führen, daß man einfach auf unsere Behandlungsmethoden zurückgreift. In gewisser Weise läßt sich sa-

gen, daß wir uns in einer Sackgasse befinden, wenn es um die Behandlung von Migranten geht, deren Erkrankung nach ihrer Auffassung von Dämonen oder anderen Mächten verursacht sind. Deshalb beobachten wir auch oft, daß viele der betroffenen Migranten für kürzere oder längere Zeit in ihr Heimatland zurückkehren.

Trotzdem stehen wir in der sozialpädagogischen Kommunikation nicht mit leeren Händen da.

- Nehmen Sie die Geschichte eines Migranten und seiner Familie immer sehr ernst. Das bedeutet Anerkennung und schafft ein gewisses Vertrauen. Allein die Anerkennung und das Vertrauen können heilend wirken.
- Wenn Sie mit Amuletten und Tränken konfrontiert werden, nehmen Sie auch diese ernst und greifen Sie ein, wenn andere (zum Beispiel unsere Kinder) darüber Witze machen. Andernfalls kann dies für den Patienten zu einer großen Isolation führen, die sich wieder in »unangepaßtem« Verhalten äußert.
- Bieten Sie dem Migranten Sicherheit, indem Sie ihn mit Landsleuten in Verbindung bringen und informieren Sie sich, ob in einer unserer großen Städte vielleicht ein Schriftgelehrter zu finden ist.
- Suchen Sie einen Helfer aus der Kultur des Migranten.
- Seien Sie äußerst vorsichtig damit, den Patienten an einen westlich ausgebildeten Psychiater oder Therapeuten zu verweisen. Dies kann zu einer Verschärfung des Problems führen. Der Migrant verirrt sich im medizinischen Apparat, der ihm fremd ist und aus dem er oft keinen Ausweg findet.

8.4 Einige Schlußfolgerungen bezüglich der interkulturellen Kommunikation

Als inländischer Gesprächspartner trifft man oft Migranten, deren Krankheitserleben fremd erscheint. Im vorhergehenden Abschnitt habe ich versucht, sowohl den Hintergrund für dieses »Fremde« aufzuzeigen als auch das »Fremde« an der anderen Kultur zu relativieren, es verständlich und einfühlbar zu machen. Zudem habe ich Anleitungen für ein beratendes Gespräch gegeben. Ich möchte dies hier mit einigen Kommentaren zusammenfassen.

- Beachten Sie die totale und ganzheitliche Körpererfahrung von Migranten im Kontext ihrer Geschlechtsrolle. Wenn der Migrant angibt, sich krank zu fühlen, horchen Sie besonders auf die implizite Botschaft. Achten Sie auf nonverbale Signale, die Ihnen helfen, das Nichtintendierte seiner Worte zu erfassen (vgl. Kapitel 2). Das kann Vertrauen bilden und dem Migranten ermöglichen, seine wirklichen Probleme oder deren Hintergründe auf den Tisch zu bringen.
- Haben Sie Respekt vor seiner kulturell geprägten Rolle als Mann oder Frau, auch wenn Sie persönlich nicht damit übereinstimmen. Sie können es als negative Komponente der Kultur des Migranten betrachten. Aber in dem beratenden Gespräch mit einem kranken Migranten oder dessen Familie geht es nicht in erster Linie um das Realisieren emanzipatorischer Ziele, sondern darum, ihm und seiner Familie eine Perspektive aufzuzeigen, die aus der Problemsituation herausführt.
- Seien Sie sich dessen bewußt, daß Krankheit, aber auch Kinderlosigkeit als persönliches Versagen betrachtet wird, und versuchen Sie, Ihrem Gesprächspartner das Gefühl zu vermitteln, daß er akzeptiert wird.
- Der Migrant ist mit psychologischen Reflexionen kaum vertraut. Es ist also nicht sinnvoll, ausschließlich diesen Weg zu wählen. Nehmen Sie seine körperlichen Beschwerden immer ernst, und sorgen Sie dafür, daß diese behandelt werden. In einem späteren Stadium der Beziehung können psychische Faktoren der Erkrankung zur Sprache gebracht werden.
- Die Frage, »Warum passiert das ausgerechnet mir?«, ist sehr menschlich und längst nicht immer medizinisch-biologisch gemeint. Das Problem der Sinngebung kann hineinspielen, und der Sinn des Lebens ist niemals rational oder für jeden gültig anzugeben. Menschen suchen bei solchen Problemen meistens Hilfe im religiösen Rahmen. Wenn es den nicht gibt, steigt die Gefahr von Angst und Depression. Behandeln Sie diesen religiösen Rahmen daher mit Respekt. Bei Depression und Angst können echte menschliche Nähe und Anerkennung seiner Problematik für den Migranten in gewisser Weise heilend wirken.
- Seien Sie sich der Einseitigkeit westlicher Heilkunde bewußt. Sie hat zwar vieles erreicht, verliert jedoch manchmal den Menschen in seiner Ganzheit aus den Augen. Von daher sollten Sie

auch das Mißtrauen mancher Migranten gegenüber einer westlichen Annäherung verstehen.

- Versuchen Sie, den Hintergrund der gesundheitlichen Problematik herauszufinden. Psychische Phänomene wie etwa Depression können auch dann entstehen, wenn der Migrant in eine unglückliche Situation geraten ist. Veränderungen dieser Situation können dem Migranten die Möglichkeit geben, seine Probleme selbst zu lösen oder sie sogar zum Verschwinden zu bringen.
- Emotionale Probleme sind für einen Migranten oft noch schwerer zu umschreiben als für uns, weil seine Ehre und die Ehre seiner Familie möglicherweise damit zu tun haben. Auf implizite Mitteilungen beim Gespräch zu achten, ist daher sehr wichtig. Die Schaffung einer Vertrauensbeziehung und die Aufmerksamkeit für die Migrantensituation mit all den dazugehörigen Spannungen sind notwendige Voraussetzungen für ein beratendes Gespräch.
- Die uns oft seltsam erscheinenden Behandlungsmethoden bei psychischen Erkrankungen in F-Kulturen geben möglicherweise eine Sicht auf den Menschen wieder, die davon ausgeht, daß er die inneren Kräfte besitzt, die Krankheit zu bekämpfen und wieder gesund zu werden. In der Kommunikation ist es sehr wichtig, diese Sicht zu bestätigen.
- Sorgen Sie dafür, daß Sie Berater aus der eigenen Kultur des Migranten kennenlernen, die Sie gegebenenfalls um Hilfe bitten können.
- Noch etwas ist hier erwähnenswert. Sie kommen aus einer Outgroup. Ihre Beratungsleistungen sind zumeist unentgeltlich. In einer Gruppenkultur, in der man einer Outgroup ohnehin mißtrauisch gegenübersteht (vor allem der dominanten Gesellschaftsgruppe eines anderen Kulturbereichs), in der kostenlose Hilfeleistungen als seltsam empfunden werden, ist viel Zeit nötig, um eine Vertrauensbeziehung aufzubauen. Ein besondere Hilfe ist hierbei das aufmerksame Zuhören und das Ernstnehmen dessen, was Migranten sagen. Von unseren Sozialarbeitern wird gefordert, daß sie nicht sofort eine inhaltlich explizite Form der Kommunikation wählen, sondern die Geduld aufbringen und zuerst auf eine implizite Weise kommunizieren. (Politisch bedeutet das zum Beispiel, daß strukturell mehr Zeit für ein Aufnahmegespräch mit einem Migranten angesetzt werden muß als mit einem Inländer, der in die Beratung kommt.)

Ich bin mir darüber im klaren, daß diese Liste ziemlich lang geworden ist. Es geht um Menschen in einer oft äußerst problematischen Situation. Sie verlangen viel Fachwissen, und selbst dann werden Sie oft ziemlich ratlos sein. Geben Sie dem Migranten aber nie das Gefühl, daß Sie ihm nicht genug Achtung entgegenbringen.

Fallbeispiel: Hassan Türkmen (Situationsskizze)

Die Sozialarbeiterin B. berichtet:

Mit Herrn Türkmen kam ich über seinen Hausarzt in Kontakt. Dieser rief mich an und teilte mir mit, er habe Hassan Türkmen an mich überwiesen. Herr Türkmen war wiederholt bei seinem Hausarzt erschienen und hatte geklagt, er habe Kopfschmerzen, er könne nicht schlafen, er sei depressiv. Der Hausarzt konnte keine Ursache finden und wollte ihn eigentlich an einen psychiatrischen Dienst überweisen. »Aber vielleicht ist es vernünftiger, wenn Sie zuerst mit ihm sprechen. Ich habe ein gewisses Vertrauensverhältnis zu ihm aufgebaut, deshalb bin ich zuversichtlich, daß er zu Ihnen kommen wird.«

Tatsächlich kam Hassan Türkmen ein paar Tage später zu mir ins Büro. Er sah schlecht aus und ließ die Schultern hängen. Ich begann das Gespräch vorsichtig tastend und erkundigte mich, wie lange er schon bei uns sei, wieviel Kinder er habe usw. Er erzählte eine ganze Geschichte. Vor siebzehn Jahren war er mit einem Onkel aus der Türkei in die Niederlande gekommen. Nach drei Jahren Arbeit war er zurückgegangen, um zu heiraten. Doch er fand keine Arbeit in der Türkei, daher kam er wieder in die Niederlande. Zwei Jahre später holte er seine Frau mit dem ältesten Kind, einem Sohn, nach. Die beiden anderen Kinder, zwei Töchter, wurden hier geboren. Seinen Kindern und seiner Frau ging es gut. Er selbst fand ziemlich bald eine Stelle und arbeitete seitdem in einer großen Werkzeugfabrik. Seit sechs Wochen war er nun krankgeschrieben. Ich erkundigte mich nach seinem Dorf in der Türkei, nach seiner Familie, wie ihm das Leben bei uns gefiel, ob seine Frau sich wirklich so gut eingelebt habe usw. Nach einer Stunde mußte ich das Gespräch abbrechen, weil ich noch eine andere Verabredung hatte. Ich machte einen neuen Termin für ein zweites Gespräch mit ihm aus. Was ich bei seinen Erzählungen gespürt hatte, war eine große Unruhe, und außerdem gab es etwas, um das er, so

war mein Gefühl, immer drumherum redete und was ich nicht fassen konnte.

Im zweiten Gespräch versuchte ich, seine akuten Probleme zu besprechen. Intuitiv fragte ich nach seiner Arbeit. Er sagte, es klappe nicht mehr. Er fühle sich überall krank. Er habe keine Lust mehr, seine Freunde zu besuchen. Und das schlimmste: Er sei schrecklich aggressiv gegen seine Frau und seine Kinder. Das bedrückte ihn sichtlich. »Warum mache ich das? Warum mache ich das bloß?« fragte er immer wieder. »Ich werde verrückt, wenn ich daran denke.« Ich fragte: »Warum besuchen Sie ihre Freunde nicht mehr?« Seine Antwort war: »Weil ich krank bin.« Ich hatte allmählich den Verdacht, daß mehr dahinter steckte. Seine Antworten gaben mir das Gefühl, als wehre er etwas ab oder decke etwas zu. Ich startete einen Versuch: »Es muß auch unangenehm für Sie sein, mit Ihrer Familie in einem fremden Land zu wohnen.« Er blickte mich sehr sanft an. »Nein, das ist es nicht ... Ich muß zu einem Spezialisten, der muß mir helfen.« Nun war ich fast sicher, daß er vor irgend etwas floh. Deshalb ging ich auf seine letzten Worte gar nicht ein.

»Was ist es denn sonst ...?« Und, mit einem tiefen, tiefen Seufzer: »Es ist meine Arbeit ... Ja, meine Arbeit. Ich kann mich bei meiner Arbeit nicht mehr sehen lassen.« Ich spürte das Mutlose in seiner Wortwahl.

»Ich lasse Sie einen Moment allein und hole Kaffee. Darauf haben Sie doch bestimmt Lust.«

»Ja, danke.«

Als ich zurückkam, fragte ich: »Ist bei Ihrer Arbeit etwas passiert?« Sein Gesicht wurde starr. Ich blickte ihn weiterhin ruhig an. Langsam und stotternd rückte er damit heraus: Er sollte befördert werden und hatte es allen erzählt. Dann kam einer seiner Freunde zu ihm, der ihm früher mal geholfen hatte. Der Freund renovierte gerade seine Wohnung und brauchte ein paar Dinge, die es in Hassan Türkmens Firma gab. Ob er nicht etwas mitbringen könne? Es brauchte ja keiner zu sehen. Hassan schaffte es nicht, nein zu sagen. Er hatte etwas mitgenommen und war erwischt worden. Sein Chef hatte schrecklich getobt und gesagt, die Beförderung könne er jetzt vergessen. Hassan fürchtete, seine Landsleute könnten etwas von der Sache mitbekommen haben. Jedenfalls war er seither krank und fühlte sich immer kränker. Tränen standen in seinen Augen.

»Ach Gott«, sagte ich, »was für eine beschissene Situation.« Ich wußte einiges von der türkischen Kultur, vor allem, daß Diebstahl

als etwas sehr Schlimmes gilt. »Und jetzt können Sie nirgendwo mehr hingehen«, sagte ich.

»Nein, nirgendwo, es ist, als wäre ich im Gefängnis.«

»Soll ich mal mit Ihrem Chef sprechen?« fragte ich.

Hassan zuckte mit den Schultern.

Ich beharrte. »Schlimmer kann es nicht werden. Vielleicht versteht er Ihre Situation nicht ganz.« Mit Mühe brachte ich ihn dazu, seine Zustimmung zu geben.

Das Gespräch mit dem Chef war nicht einfach. Der Mann war sichtlich enttäuscht und verärgert. Ich erzählte ihm einiges über Hassans Situation, seine Kultur und sein Ehrgefühl. Langsam taute der Mann ein bißchen auf. »Aber ich kann ihn nicht mehr befördern. Es war übrigens nichts besonders Tolles, aber die Stelle ist jetzt vergeben.« Ich: »Fällt Ihnen gar nichts anderes ein?« Nach langem Zögern sagte er: »Ich habe vielleicht was für ihn. Es ist keine richtige Beförderung, aber doch etwas anderes als die Arbeit, die er bisher gemacht hat. Also gut, schicken Sie ihn vorbei.«

Das geschah, und um es kurz zu machen: Hassan wurde zusehends gesünder. Er war noch zweimal bei mir. Das letzte Mal mit einem Fläschchen Parfüm, das ganz schrecklich roch.«

Diese lange Fallgeschichte ist ein gutes Beispiel für psychosomatische Erkrankungen, zugleich aber auch für eine wirksame Beratung. Es scheint mir der Mühe wert, das Gespräch zu analysieren in Hinblick auf:
- die Haltung der Berater (ich beziehe den Hausarzt mit ein),
- den kulturellen Einfluß auf Hassans Situation,
- die Intervention der Sozialarbeiterin und ihre Wirkungen.

Eine derartige Analyse kann als Gruppenauftrag gegeben werden. Ich würde hinzufügen, daß die Analyse auf die vorhergehenden Kapitel bezogen werden sollte, und daß konkret mit dem Text der Fallgeschichte gearbeitet werden sollte. Also keine Bemerkungen wie: Die Sozialarbeiterin war sehr einfühlsam. Es muß jeweils angegeben werden, worauf eine Folgerung beruht.

Aspekte, an die u. a. gedacht werden kann:
- die Verwendung impliziter Kommunikationsformen, von nonverbalen Signalen bis hin zu (nicht)intentionaler Kommunikation (vgl. Kapitel 2);
- das Schaffen einer Vertrauensbeziehung;

- das Herantasten an wichtige Aspekte der Lebenswelt (vgl. Kapitel 3), und das Ernstnehmen der Migrantensituation (vgl. Kapitel 6);
- das Beachten von Abwehrmechanismen (vgl. Kapitel 3);
- das Unterscheiden zwischen Meinungen und Fakten, Beispiel: der Hausarzt, der sein Urteil (Überweisung an einen psychiatrischen Dienst) erst einmal zurückstellt, weil er wegen anderer Fakten zögert (vgl. Kapitel 4);
- die Gruppengebundenheit in der F-Kultur mit dem damit verbundenen größeren Ehrgefühl;
- die kulturbedingten Normen;
- die Vermittlerrolle gegenüber Hassans Chef (vgl. Kapitel 5, Abschnitt 4, Konflikte);
- das totale und nicht differenzierte Krankheitserleben;
- das Ernstnehmen von Hassans inneren Kämpfen;
- das konsequente Auftreten der Sozialarbeiterin, die sich nicht von Hassans Worten einfangen läßt. Dabei sollte beachtet werden, wie sie seine Aussagen emotional interpretiert und wie diese Interpretation richtungsweisend für ihre Fragen ist.

Es ist wahrscheinlich nicht nötig, all diese Punkte zu berücksichtigen. Sie sind Vorschläge für eine Besprechung des Falles.

Eine andere Möglichkeit wäre, die oben genannten Punkte unter den Gruppenmitgliedern zu verteilen und in einem Abschlußgespräch zu einem Totalbild zu kommen.

Bei der Bearbeitung dieses Falles könnte auch ein Fallbeispiel behandelt werden, das in der Gruppe vorgebracht wurde.

Auf einen weiteren Punkt möchte ich noch hinweisen. Der Sozialarbeiter war in diesem Fall eine Sozialarbeiterin. Ist das keine zusätzliche Beschränkung in interkulturellen Gesprächen mit einem männlichen Migranten? Im allgemeinen nicht, weil die Sozialarbeiterin eindeutig eine Funktionsträgerin ist. Ihre Funktion ist für einen Angehörigen einer F-Kultur wichtiger als ihre Rolle als Frau. Wenn die Funktion nicht eindeutig ist oder mit weniger Autorität verbunden ist, kann das Geschlecht der Beraterin durchaus zu einem Problem werden.

Achten Sie bei diesem Fall auch auf die Art, wie die Sozialarbeiterin mit impliziten und (un)beabsichtigten Aspekten des Gesprächs umgeht (vgl. Kapitel 2).

Fallbeispiel: Sarah

Sarah ist siebzehn Jahre alt und die älteste von vier Mädchen. Der Vater ist 1970 in die Niederlande gekommen. Die Kinder sind in Marokko geboren. Die Familie ist dem Vater 1983 in die Niederlande gefolgt, als Sarah zehn Jahre alt war. Der Vater verdient nicht sehr viel. Die Wohnverhältnisse sind nicht besonders gut. Die Mutter spricht fast kein Niederländisch und sehnt sich nach Marokko zurück.

Sarah war in die Abteilung Jugendpsychiatrie aufgenommen worden, weil man zu Hause nicht mehr mit ihr zurechtkam. Sie fühlte sich von Dämonen besessen. Manchmal lag sie stundenlang wie gelähmt auf ihrem Bett. Ihre Eltern sagten, daß sie dann von einem Dämon besessen ist. In der Psychiatrie hat man ihr damals Beruhigungsmittel gespritzt, die brachten sie zwar zur Ruhe, führten aber nicht zur Heilung.

Gespräche mit Sarah verlaufen unbefriedigend. Sarah zeigt sich sehr aggressiv. Genau genommen wird sie vor allem mit Medikamenten behandelt. Sarah ist im letzten Jahr in Marokko gewesen und hat dort einen Schriftgelehrten aufgesucht. Sie hat auch Kräutertees bekommen. Anfangs ging es ihr besser. Vor allem in Marokko selbst. Zurück in den Niederlanden, war von einer Verbesserung ihrer Situation schon bald nicht mehr viel zu merken.

Sie sagt, sie leide unter Wahnvorstellungen. Manchmal sagt sie im Schlaf, sie sei ein Junge und hüte in Marokko Schafe. Tatsache ist, daß sie die Mädchen in der psychiatrischen Abteilung nicht leiden kann. Ihr Vater behauptet, sie habe schlechtes Blut. Das Krankenhaus kann nach entsprechenden Untersuchungen den Vater nicht davon überzeugen, daß mit Sarahs Blut alles in Ordnung ist. Neulich hatte sie dann einige epileptische Anfälle. Nun bekommt sie Medikamente in dieser Richtung. Sarah geriet in Panik, als sie nach einem Anfall ihr Amulett verloren hatte. Einer der Pfleger hatte es auf dem Boden liegen sehen, aber nicht weiter darauf geachtet. Er verstand nicht, warum sie ein solches Theater darum macht. Eigentlich weiß man sich keinen Rat mehr mit Sarah und ihren Geschichten. Merkwürdig ist auch, daß sie sich meist nicht an die islamischen Essensvorschriften halten will.

Bearbeitung

Dieser Fall illustriert einerseits eine typisch marokkanische psychische Erkrankung, andrerseits die Hilflosigkeit hiesiger Behandlungsmethoden. Gegen einige Punkte dieser Behandlung lassen sich Einwände vorbringen.

- Analysieren Sie Sarahs Situation zunächst vom Lebensweltmodell aus.
- Beschreiben Sie, was Sie an Sarahs Verhalten verstehen können und was Sie unbegreiflich finden.
- Welche Anmerkungen haben Sie zu den Behandlungsmethoden?
- Ich selbst würde zu diesen Fragen folgendes anmerken. Zur Analyse:

Die Situation der Familie

- das Risikounternehmen »Migration« war nicht besonders erfolgreich: Lohn des Vaters, Wohnsituation, Sarahs Krankheit, Heimweh der Mutter (noch verstärkt durch die Tatsache, daß es Sarah in Marokko besser ging);
- der Vater hat nur Töchter (vgl. Sarahs Träume, in denen sie ein Junge ist);
- Auffassungen von Besessenheit und ähnlichen Vorstellungen und Normen.

Sarahs Situation

- älteste Tochter in einer reinen Mädchenfamilie (vgl. ihre Träume);
- ihre Auffassungen, ihre normative Bewertung dessen, was sie erlebt und tut;
- der Beginn der Pubertät (»Besessenheit« entsteht oft in instabilen Lebensphasen);
- das Verbundensein mit ihrem Land;
- Verwirrungen über ihre Identität; vermutlich war ihr Vater enttäuscht, daß sie kein Sohn ist; die Mutter spricht nicht Niederländisch; Sarah ist dem Amulett treu, nicht aber den islamischen Eßgewohnheiten; in Marokko ging es ihr besser;
- ihre Aggression gegen niederländische Betreuer (vgl. dagegen die Hilfe, die sie in Marokko erhielt und die ihr half).

Bezüglich der Behandlung

- Die Behandlungsmethode zeigt, daß man die oben genannten Punkte nicht in die Überlegungen einbezogen hat. Selbst wenn man die kulturspezifischen Tatsachen nicht ganz vernachlässigt hat, ergibt sich doch allgemein der Eindruck, daß die Behandlung innerhalb des medizinischen Modells geblieben ist.
- Der Wert der Blutuntersuchung wird von beiden Parteien verschieden interpretiert. Die Interpretation des Vaters wird nicht beachtet.
- Sarahs Geschichten werden offensichtlich nicht sehr ernst genommen.
- Es gibt keinen Hinweis darauf, daß man die vermutlich symbolische Bedeutung von Sarahs Wahnvorstellungen und ihre epileptischen Anfällen beachtet.
- Der schlampige Umgang mit Sarahs Amulett. Man wußte offenbar nicht, was es für sie bedeutete.

Mit anderen Worten: Sarah ist im medizinischen Apparat gelandet, und niemand weiß, wie es weitergehen soll. Auch eine sozialpädagogische Intervention zeigt keinen Erfolg. (Ich würde denjenigen, der den Fall vorgebracht hat, genauer befragen: Hat man Sarah tatsächlich nicht mehr Beachtung geschenkt, als in diesem Fallbeispiel beschrieben wird?)

Ausgehend von der Drei-Schritte-Methode ist anzumerken:

1) Was können Sie in bezug auf Sarahs Situation zum ersten Schritt (Analyse der eigenen kulturellen Situation) feststellen?
2) Was den zweiten Schritt (Analyse von Sarahs kultureller Situation) betrifft, wurde bereits einiges gesagt. Welchen Unterschied können Sie zwischen den Meinungen der Helfer und den Tatsachen feststellen?
3) Welche Vorschläge haben Sie für den dritten Schritt (Intervention)? Es geht um die Frage: Wie ist Sarahs Situation zu erklären?

   Achten Sie dabei auf folgende Punkte:
   - Anteil der Familie, Beziehung zum Vater (und eventuell zur Mutter, die in der ganzen Geschichte nicht vorkommt. Warum nicht?);
   - Experten aus Sarahs eigener Kultur

- Sarahs kulturell geprägte Wahrnehmung der psychiatrischen Abteilung;
- Sarahs Geschichten;
- die Bedeutung ihrer Aggression;
- die Tatsache, daß ihr die Behandlung in Marokko genützt hat.

9. Die Migrantenfamilie

In Kapitel 5 wurde gezeigt, daß F-Kulturen typische Familienkulturen sind. Die Lebenswelt des Migranten mit ihren Positionen, Auffassungen, Zweifeln, Werten und Normen, mit Erfahrungen und Empfindlichkeiten ist wesentlich in der Familie verankert. Das hat sich im bisher Gesagten ständig gezeigt. Trotzdem ist dieses Phänomen bisher nur global besprochen worden. Es bekommt Tiefe und Hintergrund, wenn die Struktur der Migrantenfamilie näher betrachtet wird. Der Blick auf die Familie als System ist unverzichtbar für ein gutes sozialpädagogisches Gespräch. Ein zusätzliches Problem ist, daß der Sozialarbeiter selbst aus der Outgroup (noch dazu aus einer »ausländischen« Outgroup) in die Familie kommt.

Folgende Fragen sind daher relevant:
- Wie ist die Situation dieser Familie, und wie sind die gegenseitigen Beziehungen? Wie funktioniert das Beeinflussungssystem?
- Wie sind die Beziehungen der einzelnen Familienmitglieder zu unserem Sozialarbeiter?
- Was bedeutet das für den Sozialarbeiter?

Diese Fragen werden in den folgenden Abschnitten beantwortet:
1) Das soziale System der Migrantenfamilie
2) Die Situation der Ehepartner
3) Die Situation der Eltern
4) Die Situation der Kinder
5) Die Situation der Sozialarbeiter innerhalb dieser Familien

Ich verwende hier Aspekte der systemischen Therapie und verweise in diesem Zusammenhang auf folgende Bücher:

Olga Houweling-Meijer/Kees Visser: »Inrichtingswerk, een systeembenadering« (Anstaltssarbeit, ein Systemansatz), Dekker & Van de Vegt, Nijmegen 1988.

S. Minuchin/H. Charles Fishman: »Praxis der strukturellen Familientherapie. Strategien und Techniken«, Lambertus, Freiburg ^{4}1992, vor allem Kapitel 2.

In den folgenden Abschnitten geht es um den Überblick, der notwendig ist, um aus eigenen Erfahrungen und der Bearbeitung der beschriebenen Fallbeispiele eine größere Kompetenz der sozialpädagogischen Kommunikation mit Migrantenfamilien zu erreichen.

9.1 Das soziale System der Migrantenfamilie

Jede Familie verfügt über ein eigenes soziales System mit folgenden Kennzeichen:

- Es gibt ein Netzwerk aus Beziehungen zwischen den verschiedenen Familienmitgliedern: also eine eigene Struktur.
- Von den Familienmitgliedern wird erwartet, daß sie sich für den Fortbestand der Familie einsetzen. Das erfordert Energie.
- Die Familie unterscheidet sich mehr oder weniger deutlich von der sie umgebenden Gesellschaft. Die Familie hat also Grenzen.
- Die Familie muß ein gewisses Maß an Harmonie aufweisen. Es braucht ein gehöriges Maß an Energie, die Familie aufrechtzuerhalten. Das kann Spannungen verursachen, weil manche Mitglieder der Familie etwas anderes wollen.
- Die Familienmitglieder müssen ein gewisses Maß an Vergnügen in ihrer Familie erleben. Das heißt, die Familie muß »sinnvoll« für sie sein, sonst bringen sie keine Energie für ihren Fortbestand auf.

Wenn wir westliche Familien betrachten, sehen wir, daß all diese Kennzeichen einer idealen Familie auf ein hohes Maß an Individualität ausgerichtet sind. Bei der Erziehung geht es nicht so sehr darum, daß die Kinder gute Familienmitglieder werden, sondern daß sie sich zu Personen entwickeln, die durch Individualität, Selbständigkeit, Fähigkeit zur Selbsthilfe usw. gekennzeichnet sind. Das gegenseitige Netzwerk der offenen Familie wird meist nicht allzu gut entwickelt sein. Die Harmonie wird nicht als unwichtig angesehen, darf aber nicht auf Kosten der persönlichen Entwicklung gehen. Für das Erleben der Familie als Familie gilt das gleiche. Das bedeutet, daß die einzelnen Mitglieder zwar durchaus Energie in die Familie stecken, aber nur innerhalb bestimmter Grenzen.

Dieser westliche Familientyp wird stark beeinflußt von der Außenwelt: Schule, Freundeskreis, Arbeitsmilieu, Arbeitsmarkt. In

der Außenwelt herrschen oft andere Werte und Normen als in der Familie, und die Außenwelt stellt oft andere Forderungen. Vor allem die traditionelle geschlossene Familie steht in harter Konkurrenz mit der Umgebung (man denke beispielsweise an das Erleben von Sexualität!). Die offene Familie stellt sich auf diese Situation viel leichter ein – sogar so weit, daß in der westlichen Gesellschaft die Familie als eigenes System nicht sofort ins Auge springt. Trotzdem wäre es ein großer Irrtum, an der Wirklichkeit von Familien achtlos vorbeizugehen. Minuchin warnt besonders eindringlich davor. Er führt für jene den Begriff »Holon« ein.

Ein Holon ist ein Ganzes und zugleich Teil eines anderen Ganzen. Das Wort kommt von dem griechischen »Holos« (Einheit), während die Endung »on« an »Neutron« und »Proton« erinnert, die ebenfalls Einheiten innerhalb eines größeren Ganzen sind. Holon drückt also eine eigene autonome Individualität aus, beinhaltet zugleich aber auch eine integrative Energie als Teil eines Ganzen.

So ist die Familie als Familie ein Holon innerhalb der Gesellschaft, und innerhalb der Familie bilden die Eheleute ein Holon, die Eltern in ihrer Funktion als Eltern, die Kinder als Kinder.

Eine Veränderung in der Familiensituation, zum Beispiel die Geburt eines Kindes, bringt eine Veränderung im Holon »Ehepaar« mit sich, dem nun das Holon »Eltern« zur Seite gestellt wird. Auch kann ein Holon innerhalb der Familie verschiedene Positionen einnehmen: Ein Kind kann sich überbesorgten Eltern gegenüber hilflos verhalten (es ist sehr bequem, immer geholfen zu bekommen), während dasselbe Kind einem älteren Bruder gegenüber schlau vorgehen kann, um das zu bekommen, was es möchte.

Jedes Holon hat also eine eigene innere Selbständigkeit innerhalb eines Netzwerks von Beziehungen und zugleich eine gewisse (vielleicht sogar wenig bewußte) Bindung zum größeren Ganzen.

Es ist daher verständlich, daß eine offene Familie, in der die Individualität der Mitglieder anerkannt wird, deren Veränderungen aushält. Vielleicht gibt es dabei notwendige Spannungen, aber die Familie fällt nicht sofort auseinander. Stärker noch: Die Zufuhr neuer Informationen und neuer Energien kann zu einer neuen Dynamik führen (zum Beispiel können Eltern an den Auffassungen, Werten und Normen, welche ihre Kinder von draußen hereinbringen, auch wachsen). Je geschlossener eine Familie ist, desto problematischer können Veränderungen wirken.

Im folgenden Abschnitt werde ich diese Theorie konkretisieren.

Ich möchte aber zuvor die westliche offene Familie mit Migrantenfamilien aus den F-Kulturen vergleichen.

Die Migrantenfamilie ist vor allem ein stark nach innen gerichtetes System, jedenfalls will sie das sein. Sie ist ein geschlossenes System (eine Ingroup) mit einem deutlichen Netzwerk gegenseitiger (Autoritäts-)Beziehungen. Von den Mitgliedern wird erwartet, daß sie sich für die Familie einsetzen und die erforderlichen Verpflichtungen übernehmen (man denke an das Bewahren der Ehre und des Gehorsams).

Außerdem stammt die Migrantenfamilie aus einer Kultur, in der die Außenwelt wenig Bedrohliches hat: Es gibt keine wirkliche Konkurrenz von außen. Die F-Kultur braucht die (geschlossene) Familie, um ökonomisch zu funktionieren (vgl. Kapitel 5, »Hintergründe«). Das Erziehungsziel ist daher, das Kind zu einem guten Gruppenmitglied zu machen, wie wir in Kapitel 5 gesehen haben.

Dennoch wäre es auch hier – im umgekehrten Sinne – ein Irrtum, anzunehmen, daß in F-Kulturen die Familie und die Familienmitglieder keine getrennten Holonen bilden würden. Es ist bestimmt nicht so, daß es in F-Kulturen nur Gruppenmitglieder gibt. Vor allem in Migrantenfamilien, in denen die einzelnen Mitglieder oft eine ganz eigene Geschichte haben (vgl. Kapitel 6 und 7, »Erfahrungen als Migrant« und »Die Kinder der Migranten«), wäre es eine grobe Verzerrung, Individualitäten zu unterschätzen. Man darf auch nicht vergessen, daß diese Familien unter großen Druck geraten können, wenn einzelne ihrer Mitglieder Auffassungen, Werten und Normen hereintragen, die für das bestehende Familiensystem bedrohlich sind.

Die Migrantenfamilie wird mit der Dominanz der konkurrierenden inländischen Umgebung konfrontiert. Diese Familie ist im allgemeinen nicht auf die individualisierende G-Kultur vorbereitet, wird aber über Schule, Freunde, Arbeit und Sozialarbeit mit dieser Kultur konfrontiert. Daraus entwickelt sich fast zwangsläufig eine dramatische Problematik. Man könnte sich fragen, ob hier sogar von einem echten Holon innerhalb eines großen Ganzen die Rede ist, weil die Bindung an die inländische Gesellschaft mit so viel Mißtrauen besetzt ist, während die eigene Gesellschaft entweder weit entfernt ist oder sich hier im »Ausland« nur wenig entwickeln kann.

Die Migrantenfamilie wird ungeheuer viel Energie darauf verwenden müssen, die eigene Struktur zu befähigen, ihre familialen

Grenzen zu schützen und Harmonie, Sinn und Vergnügen zu bewahren, weil die konkurrierende neue Umgebung zu stark ist. Oft gelingt ihr dies nicht. Wenn ich in den folgenden Abschnitten die verschiedenen Positionen und Eigenheiten eines jeden Holons bespreche, wird diese problematische Situation weiter erklärt werden.

Aufgaben

Diese Aufgabe bezieht sich auf den dritten Schritt (Interventionen) unserer Drei-Schritte-Methode.

Wonach richten Sie sich, wenn es um Hilfe für Kinder aus Migrantenfamilien oder deren Behandlung geht?

- Ihre Zielsetzung kann sein, daß das Kind wieder so gut wie möglich innerhalb der Familie funktioniert.
- Ihre Zielsetzung kann aber auch sein, dem Kind begleitend zu helfen, damit es seinen Platz innerhalb der neuen G-Kultur findet.

- Was sind die Konsequenzen dieser beiden Zielsetzungen?
- Welche Probleme bringt jede Zielsetzung mit sich, und wie gehen Sie damit um?
- Kann die Entscheidung für eine der beiden Zielsetzungen auch von bestimmten Situationen abhängen?
- Welche Wahl treffen Sie, abgesehen von bestimmten Situationen, und warum?
- Steht Ihre Wahl vielleicht im Gegensatz zur Zielsetzung der Institution, für die Sie arbeiten? Wenn ja, was tun Sie dann?

9.2 Die Situation von Ehepartnern

Wenn zwei Menschen zusammenziehen, stehen sie vor der Aufgabe, einerseits ihre Eigenart mit ihren individuellen Erwartungen nicht aufzugeben und andrerseits vor der Außenwelt und gegenüber der eigenen Familie ein gemeinsames Zuhause zu schaffen. Zugleich soll auch die Bindung an die Außenwelt (und möglichst auch an die eigene Familie) bewahrt werden. Dies gilt für alle Ehen und Lebensgemeinschaften in allen Kulturen, doch die Bedeutungen der einzelnen Aspekte unterscheiden sich stark.

In G-Kulturen gilt tendenziell als Ideal, die eigene Individualität

zu bestätigen und das eigene Heim gegen Einmischung seitens der Verwandtschaft zu schützen und zugleich offen zu halten für die Gesellschaft.

In F-Kulturen ist das anders. Die Situation von Mann und Frau ist festgelegt und gruppengebunden. Man denke zum Beispiel an die Geschlechtsgebundenheit (Kapitel 8). Die eigenen individuellen Erwartungen werden den Gruppennormen untergeordnet. Von einer Abgrenzung gegenüber der Familie ist kaum die Rede. Wohl wird die Familie positionell, jedoch nicht kulturell, gegen alle Outgruppen abgeschirmt.

So gesehen bilden die beiden Familientypen Gegenbilder zueinander, auch wenn in der Realität viele Nuancierungen vorkommen, wodurch sie wieder ähnlicher werden. Eine städtische F-Kultur steht einer G-Kultur oft näher als der eigenen dörflichen Kultur. Ein gewisser Unterschied bleibt aber immer, und gerade unter bedrohlichen Umständen können die traditionellen Formen wieder in den Vordergrund treten (vgl. Kapitel 6, »Erfahrungen als Migrant«).

Das Holon »Ehepaar« ist einer Veränderung unterworfen, vor allem, wenn Kinder geboren werden und das Ehepaar nun auch das Holon »Eltern« realisieren muß. Insofern ist dieses System immer von einer gewissen Offenheit gekennzeichnet, denn sonst bekommen Kinder keine Chance zu einer gesunden Beziehung mit beiden Eltern. Zugleich muß dieses Holon sich auch schützen, will es als Einheit weiterbestehen. Die Ehegatten müssen dazu eine gewisse Energie investieren. Sie haben als Eltern ihrer Kinder nicht nur Pflichten, sondern als Ehepaar haben sie auch Rechte: das Recht auf ihre Privatsphäre, das Recht auf Anerkennung, das Recht auf Intimität.

Dieses Holon besitzt eine wesentliche Bedeutung für die Entwicklung der Kinder. Es ist ihr Modell für intime Beziehungen und Interaktionen. Kinder lernen von diesem Holon, wie Männer und Frauen miteinander umgehen und wie sie Konflikte handhaben. Wenn die Lebenswelt dieses Holons in einem oder mehreren Aspekten gestört wird, sei es in bezug auf einen der Ehepartner oder beide, dann zerbricht das Holon. Es verlangt daher viel Energie von dem Ehepaar, dieses Holon so gut wie möglich funktionieren zu lassen, was wiederum Einfluß auf die konkrete Entwicklung der Kinder hat.

Wird dieses Holon unzureichend anerkannt, indem man zum

Beispiel entweder den Mann oder die Frau zu sehr unterstützt, kann das dazu führen, daß das Holon noch stärker unter Spannung gerät. Der Sozialarbeiter bekommt dann vielleicht das Gefühl, mit seiner Hilfeleistung nichts zu erreichen, obwohl er doch zu beiden eine gute Beziehung hat.

Ein meiner Meinung nach hervorragendes Beispiel einer guten Hilfeleistung ist folgendes:

Zu einem psychosozialen Dienst kommt ein marokkanisches Ehepaar. Ihre gegenseitige Beziehung ist ziemlich schlecht. Der Sozialarbeiter, in diesem Fall ein niederländischer, steht vor dem Problem, daß die Frau niederländisch weder spricht noch versteht. Ihr Mann fungiert als Dolmetscher. Der Sozialarbeiter ist sich bewußt, daß diese Situation absolut nicht gleichberechtigt ist. Was ist zu tun? Da hat er plötzlich eine Idee. Er gibt jedem der beiden ein weißes Blatt Papier und sagt zu dem Mann: »Sagen Sie Ihrer Frau, sie soll das Essen zeichnen, das sie heute abend kochen will. Und zeichnen Sie auf Ihr Blatt das, was Sie gerne essen möchten.« Es entstehen zwei vollkommen voneinander abweichende Zeichnungen. Sein Auftrag lautet nun, gemeinsam eine Zeichnung des Essens zu machen, das am Abend auf den Tisch kommen soll. An der Art, wie mühsam die beiden ins Gespräch kommen und ein Ergebnis erzielen, lernt der Sozialarbeiter viel über ihre gegenseitige Beziehung. Es wird der Anfang einer spannenden Therapie, bei der der Helfer viele solcher Aufträge einbaut.

Aufgaben

Geben Sie an, worin die Kraft des oben genannten Beispiels beruht.

Warum sind Ehescheidungen in F-Kulturen vor allem für Frauen so problematisch?

9.3 Die Situation von Eltern

Neben und verwoben mit dem Holon des Ehepaars steht das Holon »Eltern«. In dieses Holon sind die Kinder einbezogen, und über dieses Holon kommen die Kinder in Kontakt mit dem Holon des Ehepaars. Dieser Unterschied scheint etwas abstrakt zu sein, ist es

aber nicht. Die Situation von Ehepaaren als Eltern ist anders: Sie sind nicht primär aufeinander ausgerichtet, sondern auf das Kind.

Um die Struktur dieses Holons in einer gewissen Harmonie zu halten, braucht es viel Energie und eine gewisse Abgrenzung gegen den Einfluß der Verwandtschaft und der Außenwelt. Die Entwicklung der Kinder verlangt eine ständige Neuorientierung. Das heranwachsende Kind muß im Holon »Eltern« Geborgenheit und Vertrauen erfahren, damit es von hier aus seinen Platz in der Gesellschaft – mit Hinfallen und Wiederaufstehen – finden kann. Bei den Eltern beginnt seine primäre Sozialisation, sein Hineinwachsen in die Gesellschaft. Hier lernt es Autoritäten kennen und wie diese Autoritäten mit Konflikten umgehen.

Es ist im übrigen nicht sicher, daß nur die beiden Elternteile zu diesem Holon gehören, beispielsweise könnten auch ein Großvater oder eine Tante einen Platz darin haben und möglicherweise den Vater oder die Mutter an den Rand drängen. Vielleicht ist es sogar so, daß die Großmutter eine Hintergrundfigur zu sein scheint, in Wirklichkeit aber den größten Einfluß auf die Erziehung hat.

Im ersten Abschnitt habe ich schon gezeigt, daß in einer F-Kultur die Struktur der Familie fester ist als in einer westlichen Kultur. Die Positionen der einzelnen Familienmitglieder sind klar, und die Grenzen gegen eine mögliche Konkurrenz der Outgroup ist scharf gezogen.

Für die Migrantenfamilie ergeben sich in diesem Bereich große Probleme. Die Kinder, die miteinander ein eigenes Holon formen (vgl. den folgenden Abschnitt), wachsen in dem Holon »Eltern« auf, unterliegen aber auch den Einflüssen von Freunden und Schule.

Mit anderen Worten, die Konkurrenz der Außenwelt (die Outgroup) kann nicht so abgewehrt werden, wie es im ersten Abschnitt erklärt ist. Die Eltern stehen vor der schweren Aufgabe, in ihrer Erziehung damit umzugehen.

Ein zweites Problem entsteht möglicherweise dadurch, daß die Elternschaft im Herkunftsland jahrelang mit einem im Ausland lebenden Vater verbunden war. Eltern, das war die Mutter zusammen mit einem anderen Familienmitglied, manchmal sogar zusammen mit dem ältesten Sohn. Bei einer Wiedervereinigung der Familie muß sich das Holon »Eltern« völlig neu orientieren. Fragen, die dann auftauchen, sind: Wie verhalten sich die Kinder zum Vater? Akzeptieren sie seinen Platz im Holon? Wie verhält sich der

älteste Sohn, nachdem er im eigenen Land die Rolle des Vaters gespielt hat? Wie verhalten sich die anderen Kinder nun zu ihrem ältesten Bruder?

Wenn die Mutter nicht die neue Sprache spricht und der Vater viel Zeit außer Haus verbringt, werden Kinder nach außen oft als Dolmetscher auftreten. Wird dies zu einer Konkurrenz für die Rolle des Vaters? Und wenn der Vater arbeitslos ist oder eine schlecht bezahlte Arbeit hat (was auch zu schlechten Wohnverhältnissen führt), wie sehen die Kinder dann die Rolle ihres Vaters, und wie verhält sich der Vater zu den Kindern?

Diese Fragen und die Antworten darauf sind wesentlich für einen Sozialarbeiter. Die Lebenswelt dieser Holonen kann außerordentlich kompliziert sein. Der Sozialarbeiter wird sich eine genaue Übersicht verschaffen müssen, um die Frage der Intervention (oft in bezug auf eines der Kinder) zu klären und einen adäquaten Ansatz zu finden.

Aufgaben

Lesen Sie den Fall und den Auftrag zu Hassan (am Ende des Kapitels 7) noch einmal durch. Wie können Sie nun anläßlich des oben Gesagten diese Familie genauer und im Überblick darstellen? Wer gehört zu dem Holon »Elternschaft«? Und was bedeutet das für Hassan?

Zum Auftrag des ersten Abschnitts: Würden Sie nun anders mit diesem Problem umgehen?

9.4 Die Situation von Kindern

Kinder sind mehr als nur die Kinder von Eltern. Sie bilden auch miteinander eine Art Ganzes. Sie berücksichtigen einander bei ihren Reaktionen, und das ganze Holon schenkt Kraft, um das gegenseitige Netzwerk instand zu halten. Auch dieses Holon ist Veränderungen unterworfen. Ein deutliches Beispiel ist, wenn eines der Kinder mit einem festen Freund oder einer festen Freundin nach Hause kommt. Wie reagieren dann die anderen? Bei der Diskussion über Rassismus und Diskriminierung wurde auf diese Frage schon eingegangen. In der Terminologie dieses Kapitels würde diese Frage lauten: Wie akzeptiert dieses Holon den Neuankömm-

ling? Wird er/sie feindlich betrachtet, oder ist Raum genug für einen Annahmeprozeß? Wie und vor allem von wem und warum wird Energie für das vertraute Holon aufgewendet? Wenn der Sozialarbeiter als Neuankömmling eine eigene Kultur mitbringt, die diese gegenseitigen Verflechtungen nicht wahrnimmt, beraubt er sich einer wichtigen Informationsquelle für seine sozialarbeiterische Tätigkeit.

Denken wir noch einmal an eine Situation, die im vorherigen Abschnitt erwähnt wurde: Der älteste Sohn hat im Herkunftsland den Platz des Vaters eingenommen. Nach der Wiedervereinigung der Familie verliert er diesen Platz. Was kann das für das Holon »Kinder« bedeuten?

Der älteste Sohn hatte seinen Geschwistern gegenüber eine gewisse Machtposition inne. Es ist nicht leicht, auf eine solche Position zu verzichten, und er wird sie auch nicht so einfach preisgeben. Es wäre denkbar, daß er für sich selbst eine neue Machtposition schafft, die Rolle des älteren Bruders, von dem die anderen abhängig sind. Für die Geschwister ist das eine neue Situation, und es ist die Frage, ob diese akzeptiert werden kann. Vielleicht versucht der älteste Bruder, durch Erpressung sein Ziel zu erreichen. Doch auch das erfordert Energie. Ein gutes Beispiel ist folgender Fall:

Achmed, acht Jahre alt, wird dabei erwischt, wie er im Haus eines niederländischen Freundes etwas stiehlt. Der Stadtteilpolizist wird hinzugezogen. Dieser begreift, daß er Achmeds Vater nichts sagen darf, denn dann hat der arme Junge kein gutes Leben mehr: Stehlen ist in der islamischen Kultur ein ernstes Vergehen. Aber warum hat er es getan? Achmed gibt keine Antwort darauf (Ehre!), oder er sagt nur, daß die Freunde ihn oft ärgern. Der Polizist erfährt, daß Achmed einen älteren sechzehnjährigen Bruder hat. Der Polizist fragt sich, was dieser ältere Junge treibt. Er arbeitet nichts Rechtes, gibt aber ziemlich viel Geld aus. Das bringt den Polizisten zu der Frage, ob Achmed vielleicht für seinen Bruder Geld heranschaffen muß. Er unterhält sich vorsichtig mit Achmed, und es stellt sich heraus, daß seine Annahme stimmt. Der Polizist beschließt, Achmeds Vergehen ruhen zu lassen und sich vor allem um dessen älteren Bruder zu kümmern.

Dieses Beispiel macht die ganz eigene Bedeutung des Holons »Kinder« deutlich.

Aufgaben

Innerhalb dieses Holons ist vor allem die Zwischenkultur angesiedelt (vgl. Kapitel 7). Untersuchen Sie, was die verschiedenen Aspekte der Zwischenkultur konkret für dieses Holon bedeuten.

Wie hat der Stadtteilpolizist die Drei-Schritte-Methode praktisch angewendet?

Warum spielen Brüder in Migrantenfamilien eine so wichtige Rolle, wenn ihre Schwester einen inländischen Freund hat? Wie könnte der Sozialarbeiter diese Brüder »benutzen«, wenn die Schwester Probleme hat?

9.5 Die Situation der Sozialarbeiter

In den vorhergehenden Kapiteln wurde mehrfach darauf hingewiesen, daß der Sozialarbeiter aus der Outgroup in die Familie hineinkommt, und zwar über eines der Holonen und wohl noch öfter über ein Mitglied eines Holons: Mann, Frau, Kind oder eines der Kinder. Was geschieht nun?

In Abschnitt 9.2 wurde eine Situation erwähnt, in der das Holon »Ehepartner« dadurch unter Druck gerät, daß der Sozialarbeiter zu einem der Partner eine besondere Beziehung aufbauen konnte, zugleich aber das Gefühl hatte, den anderen zu vernachlässigen. Die gute Beziehung zu einem kann für die Beziehung der Ehepartner schwierig werden, vor allem, wenn es um eine F-Kultur mit starker Gruppenbindung und einem deutlichen Rollenmuster geht.

Minuchin gibt drei Möglichkeiten an, wie ein Sozialarbeiter innerhalb einer Familie handeln könne (vgl. den Anfang dieses Kapitels und Kapitel 3). Ich gebe diese drei Möglichkeiten kurz wieder.

a) Eine Position der Nähe einnehmen

Der Sozialarbeiter zeigt sich sehr einfühlsam. Er möchte, daß derjenige, der die größten Probleme hat, sich erkannt und anerkannt fühlt. Auf diese Weise möchte er neue Energien aktivieren, um die Problemsituation analysieren und bearbeiten zu können.

Um dies zu erreichen, schließt er sozusagen eine Koalition mit einem oder mehreren Familienmitgliedern. Zum Beispiel kann er das Holon »Kinder« stärken oder das Holon »Eltern«. Doch oft

wird es um ein einzelnes Familienmitglied gehen. Der Sozialarbeiter unterstützt, ermutigt, sieht die Problematik und geht emphatisch auf die Emotionalität seines Klienten ein. Die Gefahr dabei ist, daß er sich dabei von den anderen Beteiligten entfernt, wie oben am Beispiel des Holons »Ehepartner« erwähnt wurde.

Es ist die Frage, ob die Position der Nähe in der Sozialarbeit mit Migrantenfamilien wirklich hilfreich ist. Die F-Kultur wird nur schwer akzeptieren können, daß jemand aus einer Outgroup diese Rolle übernimmt. Außerdem muß man auch mögliche Reaktionen innerhalb des Familiensystems nach dem Weggang des Sozialarbeiters in die Überlegungen einbeziehen.

b) Die aktiv-neutrale Position

In dieser Position ist der Sozialarbeiter vor allem Zuhörer, Entdekker und Begleiter. Er hört sich die Geschichten der Familienmitglieder an und sorgt dafür, daß jeder an die Reihe kommt. Er interpretiert nicht, sondern versucht, durch Bemerkungen und Fragen herauszufinden, wie das Familiensystem strukturiert ist. Er achtet genau auf nonverbale Signale und reagiert darauf. Er sorgt auch dafür, daß eine möglichst entspannte Situation entsteht. Er versucht, aufgrund der erhaltenen Informationen Vorschläge zu machen, wie man mit den vorhandenen Problemen umgehen könnte. Als Berater sucht er herauszufinden, wie er seinem Gesprächspartner/seinen Gesprächspartnern den nötigen Elan vermitteln kann, die Probleme selbst zu bearbeiten.

Diese Position paßt besser in die F-Kultur, weil der Sozialarbeiter sich zurückhaltend verhält. Trotzdem gehört seine Art des Umgangs eher zur »Verhandlungswirtschaft« der G-Kultur als zur »Befehlswirtschaft« der F-Kultur. Der Sozialarbeiter tut gut daran zu betonen, daß er für das Problem keine Patentlösung parat hat. Er wird erklären müssen, daß die Problematik dafür zu kompliziert oder zu grundsätzlich ist. Er muß auch deutlich machen, wie er selbst seine Rolle und seine Möglichkeiten zur Intervention sieht.

c) Die distanzierte Position

Der Sozialarbeiter tritt klar als jemand auf, der die Führung übernimmt. Er achtet auf die Kommunikationsmuster und zeigt, was an diesen Mustern für das vorliegende Problem von Bedeutung ist. Er zögert nicht zu diagnostizieren und diese Diagnosen klar auszusprechen. Er weist die Familienmitglieder darauf hin, wenn sie sich nicht an Abmachungen halten. Er hat etwas von einem Regisseur,

der auch manchmal die Rolle eines Schiedsrichters übernehmen muß, wenn die Familienmitglieder uneins sind. Seine Absicht ist es, den Familienmitgliedern das Gefühl zu geben, daß er fähig ist, ihnen auf irgendeine Weise zu helfen. Dadurch gibt er ihnen die Hoffnung auf eine positive Veränderung ihrer Probleme.

Diese Rolle wird auf die Migrantenfamilie sehr fachmännisch wirken. Sie paßt in ihre Kultur, weil diese Form des Auftretens ihrer »Befehlswirtschaft« am ähnlichsten ist. Das bedeutet aber nicht, daß diese Art des Auftretens für sozialpädagogische Gespräche besonders gut geeignet ist. Eine Gefahr bei dieser Position ist, daß es zu einer Abhängigkeit kommt und daß die Gesprächspartner nicht so leicht zugeben, wenn sie mit irgend etwas nicht einverstanden sind. Mit anderen Worten, sie werden den Vorschlägen des Sozialarbeiters zustimmen, aber es bleibt fraglich, ob sie sich auch daran halten werden (vgl. Abwehrreaktionen, Kapitel 5).

In der Praxis werden diese Rollen meist nicht so klar voneinander zu trennen sein. Sozialarbeiter werden sich nicht eindeutig einer der drei Positionen zugeordnet sehen wollen. Aber es ist doch nützlich, wenn Sie sich überlegen, welches der drei Modelle am ehesten auf die eigene Rolle zutrifft. Das schärft den Blick für die positiven und negativen Seiten des eigenen Auftretens.

Es wird jedenfalls deutlich geworden sein, daß das Auftreten in der Familie Reaktionen innerhalb des Familiensystems hervorruft. Vorübergehend werden Sozialarbeiter zu einem Teil dieses Systems, und Menschen beginnen, anders zu reagieren, wenn ein Sozialarbeiter auftaucht.

Zudem kommen Sozialarbeiter mit ihren eigenen Familienerfahrung aus einer anderen kulturellen Situation. So können Sie beispielsweise in einer Familie Widerstände gegen das autoritäre Auftreten des Vaters oder gegen die fast sklavische Untergebenheit der Mutter empfinden. Vielleicht gehen Sie eine emotionale Beziehung mit einem der Kinder ein. Es ist wichtig, daß Sie das selbst erkennen (der erste Schritt unserer Methode!), um nicht zu falschen Interpretationen zu kommen (vgl. Kapitel 1 und 2).

Niemand ist also »einfach nur so« Sozialarbeiter und Gesprächspartner innerhalb einer Familie. Bei den Familienmitgliedern passiert etwas, aber auch bei dem Sozialarbeiter. Es gehört zum Kern des fachlichen Könnens, sich dessen bewußt zu sein und es in den Beratungs- und Interventionsprozeß miteinzubeziehen.

Aufgaben

Lesen Sie die folgenden Fälle durch, und prüfen Sie, welche der drei Rollen am besten zu einem Sozialarbeiter paßt.

Überlegen Sie außerdem, welche positiven und/oder negativen Folgen die Rolle im konkreten Fall hatte (oder hätte haben können).

- Das Gesprächsfragment Kapitel 1 und 2
- Fallbeispiel Ouali, Kapitel 2
- Fallbeispiel Frau S., Kapitel 3
- Fallbeispiel Youssef, Kapitel 5
- Die von Ihnen ausgearbeitete Aufgabe bei Fallbeispiel Ali, Kapitel 6
- Fallbeispiel Esther, Exkurs
- Fallbeispiel Johan, Exkurs
- Fallbeispiel Hassan Türkmen, Kapitel 8
- Fallbeispiel Sarah, Kapitel 8

Diese Aufgaben können natürlich unter den Gruppenmitgliedern aufgeteilt werden, die anschließend ihre Erkenntnisse austauschen.

Rückblick auf Teil 2

Hiermit beende ich den zweiten Teil, der einigen spezifischen kulturellen Unterschieden gewidmet war, wobei der Unterschied zwischen der G-Kultur und der F-Kultur besonders berücksichtigt wurde. Diese Unterschiede habe ich anhand von drei Situationen aufgezeigt:

- die Situation der Migranten und als Folge davon die Situation der Kinder von Migranten;
- das Körpererleben, vor allem in Hinblick auf Sexualität, Krankheit und Gesundheit;
- die Migrantenfamilie.

Außerdem habe ich in einem Exkurs die Themen Rassismus und Diskriminierung diskutiert.

Dieser zweite Teil baute auf dem ersten auf, in dem es um Gesprächsstruktur ging und der von dem Lebensweltmodell und der Drei-Schritte-Methode abgeschlossen wurde. Zum Abschluß dieses Teils noch einige Fallbeispiele.

Fallbeispiel: Familie K.

Eine Mitarbeiterin von Boddaert legte diesen Fall vor:

»Vater, Mutter, vier Söhne (12, 10, 8, 7). Der Vater ist arbeitslos und tagsüber meist im Caféhaus zu finden. Die Mutter arbeitet in einer kleinen Textilfirma. Der älteste Sohn besucht eine Sonderschule für schwer erziehbare Kinder, die anderen sind in normalen Grundschulen. Der achtjährige Sohn (E.) ist wegen der Probleme zu Hause und in der Schule in einem Boddaert-Heim.

Der Vater und die Mutter haben sich in ihrem Heimatdorf in der Osttürkei kennengelernt. Die Mutter wurde damals an den Vater verheiratet. Seit der Hochzeit lebt sie in den Niederlanden, spricht aber nur sehr schlecht Niederländisch. Die Familie des Vaters wohnt in der Türkei. Von der Familie der Mutter leben nur noch der Vater und ein Bruder. Beide wohnen in der Nähe von Familie K. und kommen jeden Tag zu Besuch.

Sohn E. wurde beim Stehlen erwischt, er treibt sich viel in der Stadt herum, gehorcht zu Hause nicht und schwänzt regelmäßig die Schule. Über eine soziale Dienststelle wurde er in eine Boddaert-Schule eingewiesen, um ihm klare Strukturen anzubieten und um es ihm zu ermöglichen, mit Altersgenossen zu spielen.

Die Diagnose des Teams ist: Das Stehlen, Herumtreiben, Schwänzen und der Ungehorsam sind Signale dafür, daß innerhalb der Familie irgend etwas nicht stimmt. Die Eltern geben an, daß der Vater sich nichts aus den Problemen des Sohnes mache, die Mutter aber schon. Die elterliche Autorität wird durch Schlagen und Drohungen durchgesetzt. Die Mutter billigt die vom Vater getroffenen Maßregeln. Der Vater hat gedroht, in E.'s Hand ein Zeichen einzubrennen, falls er noch einmal stehle.

Wenn ich die Familie besuche, sitzen die Kinder immer ganz still vor dem Fernseher. Die Mutter blickt etwas ängstlich zum Vater. Dieser läuft übrigens oft mitten im Gespräch hinaus. Die Mutter wird dann viel entspannter. Ich fühle eine Spannung zwischen den Eltern. Meine Hilfsangebote im Rahmen des Teams sind:

- E. zu kontrollieren, damit er jeden Tag zur Schule geht;
- ihm die Möglichkeit zu schaffen, daß er bei Boddaert mit Freunden spielen kann;
- dafür zu sorgen, daß er Abmachungen einhält;
- den Eltern zu helfen, eine positive Beziehung zu ihren Kindern zu entwickeln.

Ich habe diese Familie mehrere Male zu Hause besucht. Einmal hatte ich ein Kartenspiel mitgebracht, um zusammen mit den Kindern zu spielen. Die Mutter schaute interessiert zu, der Vater lief weg. Ich habe die Karten dort gelassen, doch der Vater warf sie nach einigen Tagen weg, weil die Kinder damit Poker spielen könnten.

Nach zweieinhalb Monaten merkte ich, daß ich den Kontakt zum Vater verloren habe. Zur Mutter hatte ich eine relativ gute Beziehung aufgebaut. Neulich habe ich sie eingeladen, mit den Kindern zu uns zum Essen zu kommen. Die Kinder jubelten, als sie das hörten, vor allem der älteste. Doch am Abend selbst kam die Mutter nur mit den jüngeren drei Kindern: Der älteste habe keine Lust gehabt, mitzukommen, sagte sie.

Meine Fragen sind:
- Warum hat sich der Vater zurückgezogen?
- Wie kann man den Vater wieder einbeziehen?

Bearbeitung dieses Fallbeispiels:

Ich kann mir vorstellen, daß Sie weitere Informationen über diese Familie haben möchten. Wenn Sie nun mit Fragen nach Details anfangen, besteht allerdings die Gefahr, daß der Fall von der betreffenden Beraterin abgelöst und auf eine analytische Ebene gebracht wird. Mir scheint es besser, erst zuzuhören, was sie erzählt. Eventuelle ergänzende Informationen – soweit sie erforderlich sind – kommen bei der Diskussion von selbst zur Sprache. Erst dann möchte ich kritisch unter die Lupe nehmen, was an den Interventionen von Boddaert und an denen der Sozialarbeiterin auffallen könnte. Ich folge dabei der Drei-Schritte-Methode.

1) Untersuchen Sie, welche Fakten in dieser Geschichte benannt werden und wie sie zu interpretieren sind.
2) Wie erleben die Familienmitglieder die genannten Fakten? Wie ist Ihre Interpretation? Worin unterscheiden sich die beiden Interpretationen?
3) Was meinen Sie zum Auftreten der Sozialarbeiterin? Was halten Sie von ihren Fragen am Ende ihres Berichts, und wie würden Sie diese beantworten?

Nach diesen drei Schritten können Sie die ermittelten Fakten mit den folgenden Anmerkungen vergleichen:

- Die Geschichte spitzt sich auf das Holon »Elternschaft« zu. Ich frage mich, ob es richtig war, das Holon »Ehepaar« nicht genauer zu untersuchen. Die Fakten: Der Mann ist arbeitslos, die Frau arbeitet. In einer F-Kultur ist das alles andere als normal. Ich denke dabei auch an die Migrantensituation: Für den Mann ist die Migration nicht sehr erfolgreich. (Nach dieser Anmerkung kam eine ergänzende Information: Der Vater denkt daran, seine Kinder zu seiner Familie in der Türkei zu schicken!) Der Mann lebt innerhalb seiner Ingroup relativ isoliert: Er hat hier keine Verwandten, während die Frau welche hat. Für mich stellt sich hier die Frage, ob die Spannungen zwischen diesen beiden Menschen wirklich aus ihrer Rolle als Eltern resultieren, oder ob die Spannungen nicht eher mit dem Holon »Ehepaar« zu tun haben. Die Fakten aus der Geschichte geben nicht besonders viele Hinweise dafür, daß dem Holon »Eltern« die Priorität zu geben ist. Das Auftreten der Sozialarbeiterin hatte nach ihrem eigenen Gefühl den Effekt, daß sie den Vater (ich würde hier sagen: den Mann) nicht mehr erreichen kann. In Wirklichkeit hat sie aber das Holon »Ehepaar« verloren.
  Hier liegt eine erste Antwort auf ihre Fragen. Hat sie den Mann in seiner Problematik ausreichend berücksichtigt? Hat sie ihm wirkliche Sicherheit geboten? Hat sie wirklich beide im Blick gehabt? Welche Gefühle hatte sie dem Mann gegenüber, und welche der Frau? Wie sieht sie selbst die Tatsache, daß der Mann arbeitslos ist und die Frau arbeitet? Und so weiter ...
  Die Antworten auf solche Fragen können sehr bestimmend sein, sowohl für die tatsächlichen Interventionen als auch für eine Veränderung des Ansatzes, durch den der Mann (und also auch der Vater) in den Interventionsprozeß besser eingebunden wird.
- Ich habe in bezug auf das Holon »Elternschaft« bereits darauf hingewiesen, daß hier aus der Sicht ihrer Kultur vielleicht die größten Probleme liegen. Es ist nun so, daß die Sozialarbeiterin ohne Zustimmung des Vaters und ohne es ihm zu erklären mit den Kindern Karten spielte. Der Vater nahm daher auch nicht teil und warf das Spiel weg, mit der Rationalisierung (Abwehrmechanismus!), Kartenspielen sei gefährlich. Auch die Einladung zum Essen für die Mutter und die Kinder bringt mich in diesem Zusammenhang auf einige Fragen. Welche Möglichkeiten versucht die Sozialarbeiterin aufzugreifen, um bei den Eltern Energien zum Erhalt des Holons »Elternschaft« zu mobili-

sieren? Sozialpädagogische Tätigkeit besteht zu einem großen Teil darin, Blockaden abzubauen, die in einer Familie notwendige Energien bremsen. Ein zusätzliches Problem ist der schwach begabte älteste Sohn. Es wird als Faktum erzählt, daß er es nicht schafft. In ihrer Kultur wäre das nichts Seltsames. Schämt sich die Mutter vielleicht für ihn? Wie erleben das die anderen Kinder?

- Wie ist das Holon »Kinder« beschaffen? Wie sieht ihr Netzwerk aus? Sind sie durch die Schule (und das Herumtreiben) bereits in eine Zwischenkultur geraten? Betrachtet man aus diesem Blickwinkel E.'s Verhalten, muß man sich fragen, ob das wirklich ein Signal dafür ist, daß es mit der Familie nicht klappt. Der Junge stiehlt. Das ist in seiner Kultur ein schweres Vergehen (vgl. die Drohung des Vaters). Er richtet seine Energie gegen seine eigene Kultur. Könnte es sich hier nicht um eine Gegenreaktion handeln? Könnte er damit nicht zeigen wollen, daß ihm der Druck zu Hause zu groß ist, daß er auf irgendeine Art »Individuum« sein möchte? Von diesem Gesichtspunkt aus scheint es mir der Mühe wert, die Energie des Jungen auf eine konstruktive Tätigkeit zu richten. Zum Beispiel könnte er bei Boddaert etwas herstellen, und die Sozialarbeiterin könnte den Eltern helfen, Begeisterung für die Produkte ihres Sohnes aufzubringen. Der Junge würde sich von seinen Eltern anerkannt fühlen und hätte einen Halt in seiner Zwischenkultur. Auch für die anderen Kinder wäre das von großer Bedeutung.

Diese Überlegungen beinhalten viele Fragezeichen. Die Absicht ist, einen anderen Blickwinkel zu finden, um von dort aus eine andere Intervention zu entwickeln und Reaktionen zu berücksichtigen, die die Sozialarbeiterin innerhalb der Familie hervorruft. Abschließend könnte man sich die Frage stellen, warum der Vater bei diesen Überlegungen eine so große Rolle spielte. Wie geht es E. selbst? Was ist mit ihm in den zweieinhalb Monaten passiert?

Fallbeispiel: Moustafa

Im Jugendzentrum B. kommt der Jugendarbeiter Karel mit Moustafa in Kontakt. Moustafa ist sechzehn Jahre alt, im Iran geboren. Seine Familie ist vor gut sechs Jahren in die Niederlande geflohen:

Vater (40), Mutter (38), Moustafa (16), Tochter L. (15), Tochter E. (12), Sohn S. (10). Die Familie hat einen offiziellen Flüchtlingsstatus. Der Vater spricht ziemlich gut Niederländisch, ebenso wie die Kinder. Die Mutter spricht kein Wort Niederländisch und bemüht sich nach Moustafas Aussage auch nicht darum. Der Vater hat einen Job bei der Stadt, findet die Arbeit aber eigentlich unter seinem Niveau. Trotzdem will er wegen der Möglichkeiten, die die Kinder hier haben, in den Niederlanden bleiben. Der Vater spricht mit den Kindern Niederländisch, die Mutter Persisch. Moustafa kann nur schwer mit seinem Vater reden, sein Kontakt mit der Mutter ist besser.

Moustafa besucht die letzte Klasse der Mittelschule, aber er schwänzt viel. Mit ein bißchen Mühe könnte er es leicht schaffen. Ins Jugendzentrum kommt er gerne. Er ist dort oft mit Jungen zusammen, von denen behauptet wird, daß sie mit Drogen dealen. Manchmal zeigt Moustafa ein sehr lautes Verhalten, dann wiederum sitzt er depressiv in einer Ecke.

Karel hat sich um Moustafa gekümmert, und es ist ihm gelungen, sein Vertrauen zu gewinnen. Die oben genannten Details hat ihm Moustafa erzählt. Er hat auch gesagt, daß sein Vater wolle, daß er die Oberschule besucht. Er selbst möchte das auch gern, aber »da ist was in meinem Kopf, so daß ich oft nicht zum Lernen komme«. Innerhalb der Familie kann er kaum darüber sprechen. Er hat das Gefühl, daß ihn seine Mutter versteht. Mit der ältesten der Schwestern und mit seinem kleinen Bruder kommt er nicht gut zurecht, wohl aber mit der zweiten Schwester E., die sich übrigens oft mit dem Vater streitet.

Karel macht sich Sorgen um Moustafa, den er langsam, aber sicher abrutschen sieht. Er merkt, daß Moustafa immer öfter die Schule schwänzt und sich auf der Straße herumtreibt. Mit seinem Vater hat es ein paarmal heftigen Streit deshalb gegeben. Die Forderungen des Vaters werden immer strenger, er muß die Mittelschule schaffen, um in den Niederlanden weiterzukommen. Moustafa flüchtet sich dann zu seiner Mutter, die ihn tröstet und ihn anspornt, sein Bestes zu tun. Andrerseits nimmt er es seiner Mutter übel, daß sie sich keine Mühe gibt, Niederländisch zu lernen. Nun sind einige Familienmitglieder der Mutter ebenfalls in die Niederlande gekommen, doch ihre Chance, daß sie bleiben dürfen, ist gering. Das führt zu großen Spannungen innerhalb der Familie. Wenn die Verwandten zu Besuch kommen, wird heftig diskutiert, und

den Niederlanden wird Mangel an Toleranz vorgeworfen. Nach Moustafas Meinung weiß sich der Vater bei diesen Diskussionen nicht zu helfen. Moustafa übrigens auch nicht. Der Vater hat einmal gedroht, die Familie zu verlassen, woraufhin die Mutter anfing zu weinen. Auch die anderen Kinder waren sehr erschrocken, außer der Schwester E., die den Vater mit großen Augen anstarrte. Auf Karels Frage, ob die Familie Kontakt mit Niederländern habe, antwortete Moustafa, es gebe nur Kontakt mit Iranern.

Eines Tages kommt Moustafa mit der Mitteilung, sein Vater habe ihm verboten, weiterhin zum Zentrum zu gehen. Er solle seine Zeit lieber dem Lernen widmen. Er habe dort mit den falschen Jungen Umgang und so weiter. Moustafa hat nicht vor, seinem Vater zu gehorchen, aber er steckt in der Klemme. Sein Zeugnis ist nicht besonders gut ausgefallen, er hat sich noch nicht getraut, es zu Hause zu zeigen. Er führt seine schlechten Noten nicht auf sein Schwänzen zurück, sondern darauf, daß er oft Grippe hat: »Daheim ist es auch immer so schrecklich warm. Die Heizung ist viel zu hoch eingestellt. Und wenn ich dann rausgehe, erkälte ich mich.«

Karel bespricht seine Sorgen um Moustafa im Team. Man rät ihm, die Familie aufzusuchen und vor allem mit dem Vater zu sprechen. Karel findet diesen Rat gut, weiß zugleich aber nicht, wie er die Sache angehen soll. Er macht gerade eine berufsbegleitende Ausbildung im Studiengang »Kulturelle Arbeit« und legt das Problem seiner Arbeitsgruppe vor. Wie soll er die Sache anpacken?

Um Karel zu helfen, scheint mir folgendes wichtig:

1) Schreiben Sie auf, welche Gefühle Sie beim Lesen dieser Geschichte empfinden (so konzentriert wie möglich).
   Schreiben Sie dann auf, was Sie selbst an Karels Stelle getan hätten. Worauf sollte er das Gespräch bringen und warum?
2) Stellen Sie das Holon »Ehepaar« dar. Dann das Holon »Eltern«.
3) Welche Energie (oder welchen Mangel an Energie) können Sie aufgrund von Moustafas Bericht in beiden Holonen entdekken?
4) Welche Feststellung können Sie in Hinblick auf diese beiden Holonen treffen?
5) Stellen Sie das Holon »Kinder« dar. Wo liegen die Unterschiede zwischen den Kindern?

6) Machen Sie nun ein Soziogramm der Familie: Geben Sie mit Linien und punktierten Linien die Stärke der verschiedenen Beziehungen an (die Energieströme).
7) Analysieren Sie nun Moustafas Situation. Wie benutzt er seine eigenen Energien? Auf wen oder was richten sich seine Energien?
8) Vergleichen Sie diese Analyse mit dem, was Sie unter dem ersten Punkt aufgeschrieben haben. Inwieweit hat sich Ihr Urteil verändert oder vertieft? Vielleicht können Sie auch einen Unterschied zwischen Ihren anfänglichen Interpretationen (Meinungen) und den Fakten finden, die sich durch Ihre analytische Betrachtung ergeben haben.
   Inwieweit haben Sie die »Zwischenkultur«, in der sich Moustafa offenbar befindet, in Ihre Überlegungen einbezogen?
   Finden Sie eine Erklärung für Moustafas Lernschwierigkeiten?
   Haben Sie den Status des Flüchtlingseins (vgl. mit dem Migrantsein) bei Ihrer Analyse berücksichtigt?
   Der Vater hat sich für die Niederlande entschieden. Erkennen Sie dennoch auch Elemente der F-Kultur in seinen Reaktionen?
   Haben Sie eine Erklärung für die Tatsache, daß Moustafa sich mehr zu seiner Mutter hingezogen fühlt als zum Vater?
9) Nun kommt der dritte Schritt: Welchen Rat würden Sie Karel für ein Gespräch geben?
   Welches Ziel würden Sie sich selbst bei einem solchen Gespräch stellen? In welcher Reihenfolge und auf welche Weise würden Sie die drei Aspekte berücksichtigen?
10) Sie (d.h. Karel) kommen in die Familie als »Sozialarbeiter«. Was bedeutet das für die unterschiedlichen Familienmitglieder? Welche Widerstände (oder Abwehrmechanismen) könnten entstehen?
   Wie können Sie sich darauf vorbereiten?
   Was bedeutet das für den Rat, den Sie unter Punkt 9 gegeben haben?

Alle diese Aufgaben und Fragen können von jedem einzelnen in der Gruppe gelöst werden (oder in kleinen Gruppen). Anschließend kann ein Gruppengespräch stattfinden.

Dieser Fall kann auch als Prüfungsaufgabe verwendet werden.

Fallbeispiel: Familie L. (Rollenspiel)

Familiensituation

Vater: 39 Jahre, in Marokko geboren, mit seinen Eltern vor zwanzig Jahren in die Niederlande gekommen, vor 15 Jahren in Marokko geheiratet, ziemlich gute Arbeitsstelle, spricht gut Niederländisch, ist sehr aktiv in der marokkanischen Selbsthilfeorganisation.

Mutter: 32 Jahre alt, in Marokko geboren, hat dort geheiratet und ihre ersten beiden Kinder bekommen, vor zehn Jahren in die Niederlande gekommen, hier die Geburt eines dritten Kindes, spricht nur mühsam Niederländisch, gibt sich aber große Mühe, es zu lernen, hat gute Kontakte mit der Leiterin der Fortbildungsstätte.

Kind 1: Junge, 14 Jahre alt, in Marokko geboren, mit vier Jahren in die Niederlande gekommen, besucht die zweite Klasse der Mittelschule, es klappt ziemlich gut.

Kind 2: Mädchen, Fatima, 12 Jahre alt, in Marokko geboren, mit zwei Jahren in die Niederlande gekommen, besucht die Grundschule, kommt aber sichtlich nicht mit.

Kind 3: Junge, sieben Jahre alt, in den Niederlanden geboren, besucht die Grundschule und ist ein guter Schüler.

Fatima macht zu Hause und in der Schule oft Schwierigkeiten. Daheim ärgert sie oft ihren kleinen Bruder und stört die Stimmung in der Familie.

Fatimas Lehrer hat schon verschiedene Male Kontakt mit der Familie aufgenommen. Nun ist Fatima seit zehn Tagen nicht in der Schule erschienen. Er hat die Eltern angerufen und für den Abend seinen Besuch angekündigt.

Dieser Fall bietet sich für die Bearbeitung durch ein Rollenspiel an. Dazu kann man die Teilnehmer in drei Gruppen aufteilen. Jede Gruppe bekommt eine der unten angegebenen Rollen, hat aber keine Einsicht in die Planung der anderen Rollen. Jede Gruppe wählt aus ihrer Mitte einen Spieler aus. Die Rolle wird etwa zehn Minuten besprochen, so daß sich der »Spieler« seine Rolle so gut wie möglich aneignen kann.

Während des Rollenspiels selbst kann jemand aus der Gruppe den Spieler ersetzen, wenn dieser nicht weiter weiß.

Das Spiel sollte auf Video aufgenommen werden und nach 10 bis

15 Minuten beendet werden, weil sonst nicht genügend Zeit für die Nachbesprechung bleibt.

Tips für die Nachbesprechung

- Lassen Sie erst die Spieler von ihren Gefühlen und Erfahrungen berichten, dann sollen die Zuschauer reagieren.
- Suchen Sie gemeinsam nach Alternativen und lassen Sie diese spielen.
- Gibt es eine Videoaufnahme, sollte das Band jetzt erst abgespielt und abschnittsweise besprochen werden, wobei man nicht vergessen darf, auf nonverbale Signale zu achten.
- Achten Sie darauf, ob Sie die Drei-Schritte-Methode erkennen.
- Wie fügt sich der Lehrer in die Familie ein?

Nun folgen weitere Informationen für die verschiedenen Rollen. Natürlich sollten die anderen Mitspieler nur die für ihre eigene Rolle bestimmten Anmerkungen lesen!

Die Rolle des Vaters

Neben den allgemeinen Informationen folgen nun noch einige Details.

Auch wenn Sie nun schon eine längere Zeit in den Niederlanden leben, fühlen Sie sich der marokkanischen Tradition noch sehr verbunden. Ihre Eltern leben in Hengelo, Ihr Vater arbeitet noch, Ihre Mutter hat nur Kontakt mit Landsleuten und spricht kein Niederländisch.

Sie haben den Ärger mit Fatima satt, außerdem finden Sie die Schule für Mädchen ohnehin unsinnig (Hauptsache, sie können später ihren Haushalt führen). Wenn es mit Fatima nicht klappt, geben Sie Ihrer Frau die Schuld. Dabei verweisen Sie auf Fatimas schwere Geburt.

Sie haben ein paarmal mit der Schule Kontakt gehabt, aber Ihr Vertrauen in das niederländische Schulsystem ist nicht besonders groß. Sie haben gemerkt, daß es Fatima im letzten halben Jahr immer schlechter gegangen ist. Deshalb haben Sie beschlossen, das Mädchen zu den Großeltern zu schicken, diese können Fatima auf ihre späteren Aufgaben im Haushalt vorbereiten. Sie als Vater sind sich dessen bewußt, daß das eigentlich nicht erlaubt ist und daß die

Außenwelt es nicht erfahren darf. Ihre Frau war anfangs dagegen, hat sich aber von Ihnen überreden lassen.

Die Rolle der Mutter

Neben den allgemeinen Informationen folgen nun noch einige Details.

Obwohl Sie eine gute Beziehung zu Fatima haben, haben Sie sehr unter ihrem Verhalten gelitten. Fatimas Geburt war sehr schwer gewesen, und nun fragen Sie sich manchmal, ob es Ihre Schuld ist, daß Fatima ein bißchen zurückgeblieben ist. Sie haben das Gefühl, daß andere es Ihnen vorwerfen. Ihr Mann spricht das deutlich aus, wenn er wütend ist. Sie hatten gehofft, daß es mit Fatima in der Schule klappen würde. Sie haben ein paarmal mit der Lehrerin gesprochen und fanden diese Gespräche angenehm. In der letzten Zeit machen Sie sich um Fatima große Sorgen. Die Familiensituation leidet unter ihrem Verhalten. Anfänglich haben Sie gegen die Pläne Ihres Mannes, Fatima zu seinen Eltern nach Hengelo zu schicken, protestiert, nicht nur, weil Sie Ihre Tochter nicht gerne hergeben, sondern auch, weil Sie finden, man könne in der Schule immer etwas lernen. Doch dann haben Sie nachgegeben. Sie fühlen sich in den Niederlanden wohl, auch wenn Sie ab und zu heftiges Heimweh nach Ihren Verwandten haben, die fast alle in Marokko leben. Sie haben zu all Ihren Kindern eine gute Beziehung.

Die Rolle des Lehrers

Neben den allgemeinen Informationen folgen nun noch einige Details.

Das Mädchen Fatima verhält sich oft unfreundlich, besonders jüngeren Klassenkameraden gegenüber. Trotzdem kann Fatima zuweilen auch sehr lieb und hilfsbereit sein. Manchmal spielt sie sehr schön, doch dann wieder stört sie jedes Spiel. Die anderen Kinder mögen sie nicht besonders. Sie ist in der Entwicklung sichtlich hinter ihren Altersgenossen zurückgeblieben.

Die Lehrer vermuten, sie sei zu Hause das schwarze Schaf, wodurch Probleme entstünden. In der letzten Zeit wurde Fatima immer aggressiver.

Ihre Besuche bei den Eltern haben nicht viel gebracht. Der Vater und die Mutter sind freundliche Menschen. Der Vater ist manchmal überfreundlich, Ihrer Meinung nach, und die Mutter wirkt leicht depressiv. Sie empfinden Bewunderung für diese Frau, die sich, vor allem wegen ihrer Kinder, in die niederländische Gesellschaft einfügen will. An sich scheint es in dieser Familie keine wirklichen Spannungen zu geben. Fatima ist die letzten zehn Tage nicht in der Schule gewesen. Als Sie bei ihr zu Hause anriefen, wurde Ihnen gesagt, sie sei krank, aber jetzt sagen die anderen Kinder, Fatima sei nicht mehr zu Hause. Sie haben mit Kollegen darüber gesprochen, und diese haben Ihnen geraten, die Situation doch nachzuprüfen. Sie haben die Eltern angerufen und Ihren Besuch angemeldet.

Fallbeispiel: Aufnahmegespräch mit einer türkischen Familie (Rollenspiel)

Vater (35 Jahre), seit fünfzehn Jahren in den Niederlanden, spricht gut Niederländisch, hat Arbeit, seine Eltern leben in der Türkei, doch zwei Brüder, mit türkischen Frauen, wohnen in der Nachbarschaft.

Mutter (30 Jahre), zehn Jahre in den Niederlanden, kann sich auf Niederländisch gerade mal verständigen, ihre Eltern leben ebenfalls in der Türkei, doch sie hat auch Verwandte, die in der unmittelbaren Umgebung wohnen.

Vater und Mutter haben vor vierzehn Jahren in der Türkei geheiratet. Zur Familie gehören vier Kinder: Junge (13), Mädchen (12), Mädchen (8), Junge (7).

Die Zwölfjährige macht zu Hause und in der Schule (Grundschule) große Probleme. Sie ist sehr widerspenstig und treibt sich auf der Straße herum, hat viele Kontakte zu niederländischen Jungen. Sie ist für ihr Alter recht kräftig. Sie ist nicht dumm, und auf den Mund gefallen ist sie auch nicht. Zu Hause kommen sie nicht mehr mit ihr zurecht. Der Vater hat sie mehrfach geschlagen. Dann ist sie weggelaufen, nach ein paar Stunden aber zurückgekommen.

Der Vater und die Mutter haben ihre Probleme mit dem Hausarzt besprochen, der wegen einer (im übrigen nicht ernsten) Krankheit des jüngsten Sohnes ins Haus kam. Der Hausarzt hat ihnen geraten, mit dem psychosozialen Dienst des Stadtteils zu spre-

chen. Anfangs waren sie gar nicht dafür, aber auf das Drängen des Hausarztes hin beschlossen sie dann doch hinzugehen.

Der Termin mit dem sozialarbeiterischen Dienst wird telefonisch vereinbart, und die Eltern werden gebeten, ihre Tochter mitzubringen.

Dies ist also das erste Gespräch: Vater, Mutter, Tochter und Sozialarbeiter.

Vorgehensweise für das Rollenspiel: Es soll dazu dienen, den Blick auf die drei Positionen zu verbessern, die im letzten Abschnitt des vorigen Kapitels besprochen wurden.
- Verteilen Sie die Rollen: drei Rollen für die drei Positionen, und dann die Rollen der Familienmitglieder. Achten Sie darauf, daß die Mitspieler und die Zuschauer nicht wissen, wer welche Sozialarbeiterrolle spielt.
- Lassen Sie die drei Sozialarbeiter und die Familienmitglieder getrennt voneinander ihre Rolle vorbereiten und eventuell spezifizieren. Dabei können ein oder zwei Gruppenmitglieder helfen.
- Das Rollenspiel findet also dreimal statt. Jedesmal sieben bis zehn Minuten. Nehmen Sie die Gespräche möglichst auf Video auf.
- Bei der Nachbesprechung müssen Sie erst die Familienmitglieder fragen, wie sie die Gespräche erfahren haben. Lassen Sie dann jeden Sozialarbeiter von seiner Erfahrung berichten. Danach können die Zuschauer ihre Kommentare zur Bedeutung und Ausführung jeder Rolle geben.

Achten Sie während des Rollenspiels und bei der Nachbesprechung auf folgendes:
- Wie ist der Sprachgebrauch? (Wie werden die Familienmitglieder angesprochen, mit »du« oder mit »Sie« oder differenziert, d.h. »du« für die Tochter und »Sie« für die Eltern? Es passiert öfter, daß »Sie« gewählt wird, wenn der andere schlecht Niederländisch spricht. Was bedeutet das für die Rolle des Sozialarbeiters in der Familie?)
- Die F-Kultur ist ziemlich empfänglich für den Status einer Person und ihre Autorität. (Was ist der Unterschied zwischen beiden, wie wurde vor allem die Autorität, die man von einem kompetenten Berater erwartet, dargestellt?)

- Das Ehrgefühl von Vater und Mutter.
- Die Zwischenkultur, in der sich die Tochter offenbar befindet.
- Weitere Punkte: das Eingehen bzw. Nichteingehen auf nonverbale Signale, das Einbeziehen des Kontextes der Familie und der Lebenswelt ihrer einzelnen Mitglieder.

Es ist sinnvoll, nach einem ersten globalen Gespräch das Videoband noch einmal anzuschauen, um herauszufinden, ob der erste Eindruck der drei »Einfügungen« richtig ist oder einer weiteren Nuancierung bedarf. Dabei ist es wichtig, auf nonverbale Signale zu achten und ob und wie der Sozialarbeiter darauf eingeht.

Besprechen Sie auch, inwieweit der Drei-Schritte-Methode Genüge getan wird.

Abschließend können die drei Gespräche noch einmal mit anderen Spielern vorgeführt werden.

Heben Sie das Videoband auf, es kann Ihnen beim nächsten Kapitel gute Dienste leisten!

Das Fallbeispiel handelt von einem Aufnahmegespräch. In Kapitel 4 habe ich bei den Faustregeln festgestellt, daß bei Migranten oft erst eine gewisse Vertrauensbasis entstehen muß, bevor die Klienten sich wirklich äußern können (Bedeutung der Beziehungsebene). Das heißt, daß ein solches Gespräch Zeit erfordert. Die Migranten wollen bei einem Aufnahmegespräch vor allem auch etwas Inhaltliches hören. Diskutieren Sie in der Gruppe, welche Fragen in diesem Zusammenhang wichtig sind. Benutzen Sie das Lebensweltmodell. Zum Beispiel bei folgenden Punkten:

a) Position: legal oder illegal in den Niederlanden, Ehe/Familiensituation, Arbeitssituation, finanzielle Lage und so weiter.
b) Auffassungen: über westliche Normen, über Sozialarbeit, über Erziehung, über einen Verbleib in den Niederlanden und so weiter.
c) eigenes Erleben und Geschichte: Migrantensituation, Enttäuschungen, Erwartungen und so weiter.

Legen Sie eine Checkliste an. Es wird von der Situation abhängen, welche Fragen brauchbar sind (bei Eltern werden es andere Fragen sein als bei möglicherweise von zu Hause weggelaufenen Jungen oder Mädchen). Eine Liste kann helfen, daß man nichts Wichtiges vergißt.

Teil 3

Im dritten Teil geht es um die Sprache, die wir in Gesprächen mit Migranten verwenden.

Kapitel 10 behandelt eine Reihe sprachtechnischer Aspekte, die mit der Ohnmachtssituation zu tun haben, in der sich Migranten oft befinden. Der Sozialarbeiter kann im Gespräch diese Hilflosigkeit verstärken, aber er kann seine Sprache auch so wählen, daß die Selbstsicherheit seines Gesprächspartners erhalten bleibt.

Kapitel 11 bietet eine Zusammenfassung für den inländischen Gesprächspartner und zieht eine Reihe von Schlußfolgerungen für Gespräche mit Migranten.

10. Die (Ohn-)Macht der Sprache

Unsere Sprache scheint uns »selbstverständlich« über die Lippen zu kommen. Wir benutzen Worte und Sätze, um das auszudrücken, was wir zu sagen meinen und was der andere hören soll. In Kapitel 2 haben wir jedoch gesehen, daß sich hinter dem Gesagten etwas verbergen kann, was wir »eigentlich« meinen, aber aus bestimmten Gründen nicht äußern wollen oder können. Wir beabsichtigen nicht, daß unser Gesprächspartner es hören soll. Deshalb nenne ich es das »Unbeabsichtigte«. Dieses Wort trifft es nicht ganz, denn dieses Unbeabsichtigte ist oft genau das, worauf es ankommt. Mit anderen Worten: Die beabsichtigten und verständlichen Worte können den Gesprächspartner auf eine falsche Fährte locken. In Kapitel 2 habe ich darauf hingewiesen, wie wichtig es ist, auf das Ungesagte hinter den Worten zu lauschen. Oft sind es nonverbale Signale, die uns auf etwas aufmerksam machen.

Die F-Kultur mit ihrem großen Respekt vor Autorität und ihrem starken Gefühl für Privatsphäre und Ehre benutzt die beabsichtigt unbeabsichtigten Gesprächsformen häufig. Nach allem bereits Gesagten bedarf dies keiner näheren Erläuterung.

In diesem Kapitel möchte ich jedoch die Aufmerksamkeit auf einen Aspekt richten, der bisher noch unzureichend diskutiert wurde: den Sprachgebrauch selbst. Hier geht es nicht so sehr um den Inhalt der Worte, sondern um das Wort selbst, um die Form.

Die Tatsache, daß Migranten unsere Sprache als erlernte Sprache (das heißt als Fremdsprache) verwenden müssen, hindert sie daran, sich gut auszudrücken, vor allem wenn es um emotionale Themen geht.

Doch neben diesem Handicap besitzt Sprache auch noch eine bestimmte Struktur, die das Emotionale zudeckt. Sprache kann mir als eine Art Schutzschild dienen, der das »Echte« in mir verdeckt. Ich kann in Situationen geraten, in denen ich keine Worte mehr habe, um mich verständlich zu machen. In meiner Kommunikation mit anderen bleibe ich dann oberflächlich. Gehen die anderen ebenso oberflächlich darauf ein, passiert nichts, und ich bleibe so-

zusagen als eine Art Gefangener von allem, was mich wirklich beschäftigt, zurück. Ein derartiger Sprachgebrauch bleibt in Ohnmacht stecken. Der Sozialarbeiter, der sich dessen bewußt ist, kann jedoch nach einer Sprache suchen, die es ermöglicht, das auszudrücken, was den anderen wirklich beschäftigt. Er kann helfen, Worte zu finden, die tiefere Schichten anbohren, auch Schichten, die unter all der hilflosen Problematik noch eine gewisse Energie besitzen. Es ist wohl deutlich, daß es für jedes Gespräch, vor allem für jedes interkulturelle Gespräch, von großer Bedeutung ist, daß der sozialpädagogische Gesprächspartner mit diesem Phänomen umgehen kann.

Literaturhinweise: die beiden Bücher von Nora van Riet und Harry Wouters: »Helpen = Leren« (Helfen = Lehren[3]), und: »Mondig worden met taal« (Mündig werden mit Sprache), Dekker & v.d. Vegt, Assen 1985 und 1989.

Dieses Kapitel besteht aus folgenden Abschnitten:
10.1 Unsere Sprache als Fremdsprache
10.2 Die Macht und die Ohnmacht der Sprache.

10.1 Unsere Sprache als Fremdsprache

Jeder Mensch lernt als Kind sprechen, einer der wichtigsten Faktoren seines Hineinwachsens in die Gesellschaft (seines Sozialisationsprozesses). Dies ist so wichtig, daß wir von unserer »Muttersprache« sprechen. In dieser Sprache lernen wir, unsere Gefühle und Gedanken auszudrücken, und in dieser Sprache verleihen wir allem um uns herum eine Bedeutung. Weil die Sprache auch immer zur konkreten Gesellschaft gehört, ist sie kulturgebunden. Wir wählen unsere Wörter in einem bestimmten Kontext. Im ersten Teil dieses Buches wurde das bereits erwähnt.

Man könnte es auch anders ausdrücken: In unserer Muttersprache sind wir zu Hause. Ein Verbot, die Muttersprache zu sprechen, bedeutet Heimatlosigkeit. Man verliert einen wesentlichen Teil der Heimat. Deshalb spricht man manchmal auch von Enteignung. Verständlicherweise wehren sich Menschen, wenn ihnen so etwas passiert. Die Kurden zum Beispiel bilden ein Volk mit einer eige-

3 Das niederländische Wort »leren« bedeutet beides, lehren und lernen.

nen Kultur und einer eigenen Sprache. Fast nirgends in den Ländern des Mittleren Ostens dürfen sie ihre Sprache sprechen, vor allem dürfen sie sie nicht als Ausdruck ihrer Kultur benutzen. Wir kennen aus den Geschichten von Flüchtlingen und aus den Medien ihren zähen und fast verzweifelten Kampf um Anerkennung.

Bei Migranten geschieht etwas Ähnliches. Die neue Situation zwingt sie, sich auch auf dem Gebiet der Sprache anzupassen. Diese Anpassung hat eine tiefere Bedeutung als nur die Fähigkeit, sich in einer fremden Sprache ausdrücken zu können, so wie wir beispielsweise bei einem Urlaub mit unserem Englisch durchkommen. Der Migrant muß sich in einer neuen Heimat niederlassen. Vor allem, wenn es um das Ausdrücken emotional beladener Themen geht (und mit diesen werden Sozialarbeiter nun mal konfrontiert!), kann die angelernte Sprache für den Migranten ein Handicap sein. Emotionen liegen eben tief im Menschen verankert, auf einer Ebene, in der sich auch die Muttersprache entwickelt hat. Der Migrant muß seine Emotionen in einer Sprache ausdrücken, in der er nicht sozialisiert wurde. Das hat eine verfremdende Wirkung. Außerdem ist es auch nicht sicher, daß es in der angelernten Sprache ein adäquates Wort für seine Emotion gibt. Manche Sprachen gehen mit bestimmten Fakten nuancierter um als andere. So hat das Hebräische zum Beispiel fünf verschiedene Wörter für unser »arm«, mit den Aspekten erniedrigt, wehrlos, bettelnd, körperlich und materiell schwach und bedürftig. Und die Eskimos kennen nur ein Wort, das unsere Wörter Straße, Weg, Gasse, Pfad, Steg und so weiter ausdrückt.

Nicht umsonst ist das Erlernen unserer Sprache als Fremdsprache ein sensibles Thema. Einerseits bestehen viele Migrantenorganisationen darauf, daß die Kinder auch in ihrer Muttersprache unterrichtet werden (die niederländische Politik hat diese Forderungen übernommen), andererseits ermöglicht nur die Beherrschung unserer Sprache einen Zugang zu unserer Gesellschaft.

Das Erlernen der niederländischen Sprache ist für Männer, die stärker nach außen gerichtet sind, wichtiger als für Frauen, die ihren Aufgabenbereich vor allem innerhalb der Familie haben. Außerdem gibt es auch in unseren Innenstädten so viele Läden und Verkaufsbuden verschiedener Migrantenkulturen, daß ausländische Frauen, ohne Niederländisch zu beherrschen, gut zurechtkommen.

Ein spezielles Problem ergibt sich aus der Tatsache, daß jede

Kultur auf eine eigene Weise mit Privatheit und Emotionalität umgeht. Die F-Kultur ist hier sehr sensibel (Ehrgefühl!). Menschen aus dieser Kultur werden noch weniger als wir in unserer G-Kultur Worte haben, um sich über Emotionen in der Öffentlichkeit zu äußern.

Alle Aspekte der Lebenswelt sind hier angesprochen. Als Kulturphänomen hat Sprache mit allem zu tun, mit Stellung und Platz in der Gesellschaft, mit Auffassungen, Werten und Normen. Und zugleich hat Sprache auch mit persönlichen Erfahrungen und Erlebnissen zu tun. Mit anderen Worten: Sprache und Lebenswelt gehören untrennbar zusammen.

In Kapitel 1 habe ich in diesem Zusammenhang das Wort »Freiheit« genannt, das in einer F-Kultur einen anderen Sinn hat als in einer G-Kultur (gruppenbezogen gegenüber individuell). Es wird jetzt vermutlich deutlicher sein als in den ersten Kapiteln, warum es für Sozialarbeiter so wichtig ist, auf nonverbale Signale zu achten und zwischen impliziten und expliziten, zwischen beabsichtigten und nicht-beabsichtigten Gesprächsformen zu unterscheiden.

Es wurde bisher immer wieder erwähnt, wie Sprache (außer die explizite Sprache) an eine Situation gebunden ist.

Ich möchte hier noch auf einen wichtigen Aspekt unserer G-Kultur hinweisen.

Die Situation, aus der heraus wir sprechen, ist unsere Lebenswelt. Diese Lebenswelt ist in unsere Gesellschaft eingebettet, die durch alle möglichen Systeme bestimmt wird: das bürokratisch-administrative System, das ökonomische System, die Expertensysteme. Wir sind von diesen Systemen abhängig und brauchen sie. Doch zugleich üben sie eine Macht aus, durch die unsere Lebenswelt eingeschränkt wird. Man spricht in diesem Zusammenhang auch von der weit entwickelten Bürokratisierung unserer Gesellschaft, von der Macht der Konsumgesellschaft, von der Macht der Experten, die uns abhängig macht. Was ist dann noch unsere persönliche Freiheit? Weil diese Systeme uns zugleich auch Vorteile bieten, ist der Protest gegen sie nicht einfach. Es geht nicht darum, daß sie verschwinden sollen (denn dann bricht unsere Gesellschaft zusammen), sondern daß ihre Macht zurückgedrängt und unserer Lebenswelt untergeordnet wird. (Vergleiche dazu den Exkurs 3 in »De kolonisering en Systeemgeweld en Schijncommunicatie« (Kolonialisierung, Systemgewalt und Scheinkommunikation), heraus-

gegeben von Harry Kunneman, Universität Amsterdam, 1989, in meinem in der Einführung genannten Buch.)

In unseren Gesprächen klingen diese Systeme nicht nur selbstverständlich durch, sondern unsere Wortwahl selbst ist durch diese Systeme »kolonialisiert«. Wir benutzen Worte wie psychosozialer Dienst, Sozialarbeit, Aufnahmegespräche, Regression, Verschlankung von Betrieben, psychiatrische Konsultation und so weiter. In unserer Sprache sind technische Abkürzungen und Fremdwörter aus Fachsprachen, die die harte Wirklichkeit verbrämen, normal geworden. (Verschlankung bedeutet zum Beispiel eine teilweise Betriebsschließung, das heißt Arbeitslosigkeit.) Die meisten Migranten kennen sich aber nicht – so wie wir – mit diesem System aus und verstehen oft die Wörter auch in ihrer einfachen Bedeutung nicht. Das geht also weiter als das, was in Kapitel 1 zur Sprache kam, nämlich daß man bestimmte Realitäten, die durch Wörter gekennzeichnet sind, nicht wirklich kennt. Wenn das bürokratische System für uns oft schon ein wahrer Irrgarten ist, muß es für einen Migranten ganz und gar unbegreiflich sein. Wenn wir uns in unserer Wortwahl bereits nach dem bürokratischen System ausrichten und viele Fremdworte benutzen, kann der Migrant leicht das Gefühl bekommen, von Pontius zu Pilatus geschickt zu werden.

Eine Untersuchung an der psychiatrischen Klinik in Surinam mit in den Niederlanden ausgebildetem Personal zeigt, daß auch dort die Resultate der Sozialarbeit betrüblich sind, weil der Zugang zu den Patienten fehlte (P.A.O. Bulletin Dezember 1989, christlich psychiatrisches Zentrum Bloemendaal, Den Haag).

Zusammenfassung

Die Tatsache, eine später erlernte Sprache benutzen zu müssen, und die Tatsache, mit einer Sprache konfrontiert zu sein, die durch die westliche Situation mit ihren übermächtigen Systemen bestimmt ist, macht es für den Migranten nicht leicht, sich adäquat zu äußern und die Sprache unserer Sozialarbeiter zu verstehen. Für den Sozialarbeiter bedeutet das, daß er für diese Handicaps der Migranten sensibler werden muß. Mit anderen Worten: Er muß sich bemühen, seine eigene Gesprächsebene und die des Migranten einander anzugleichen.

Die Sprache des Sozialarbeiters bedeutet schon eine Macht an sich, weil sie die Sprache unserer Sozialisation ist. Der Migrant,

auch wenn er sich relativ gut in unserer Sprache ausdrücken kann, befindet sich in einer weniger mächtigen Position, ist oft sogar ohnmächtig. Mit Hilfe der Sprache kann er in dieser ohnmächtigen Position gehalten werden. In gewisser Weise wird das wohl immer so sein, das bringt die Migrantensituation mit sich. Aber der Sozialarbeiter kann sich dafür sensibilisieren, so daß die Benachteiligung des Migranten in der Kommunikation nicht ohne Not vergrößert wird.

Der folgende Abschnitt geht auf eine andere Art der Annäherung ein.

Fragen/Aufgaben

1) Jemand läßt sich im Krankenhaus einen Knoten operativ entfernen. Das Gewebe wird untersucht. Nach einigen Tagen kann er sich das Ergebnis abholen. »Das Ergebnis ist negativ.« Die betreffende Person erschrickt.
   »Warum sehen Sie denn so erschrocken aus? Es ist nichts los.«
   - Die Kommunikationsstörung liegt im Verständnis des Wörtchens »negativ«. Der Kontext ist im Krankenhaus anders als der Kontext der fragenden Person. Erklären Sie das.
2) Suchen Sie Situationen, in denen es wegen eines gesellschaftlichen Tabus besonders schwierig ist, sich zu äußern.
3) Was lehrt Sie Frage 1 und 2 in bezug auf die Probleme von Migranten, sich in unserer Sprache verständlich zu machen? Wie können Sie Migranten dabei helfen?
4) Das Fallbeispiel aus Kapitel 1 (Der Opa aus der Türkei) und das zweite Fallbeispiel in Kapitel 8 (Sarah) geben Kommunikationsstörungen wieder. Zeigen Sie diese Störungen auf.

10.2 Die Macht und die Ohnmacht der Sprache

Der Machtlose benutzt oft eine machtlose Sprache. Mit dieser Behauptung meine ich, daß die Sprache selbst, in der sich der Machtlose ausdrückt, zu vage, zu wenig präzise, zu zurückhaltend und ohnmächtig ist und das eigentliche Problem nicht ausdrückt. Sozialarbeit muß in diesen Fällen vor allem dem anderen helfen, eine Sprache zu benutzen, die das Problem erhellt und dem Gesprächspartner die Möglichkeit gibt, die eigene Stärke zu nutzen. Man

kann davon ausgehen, daß die eigenen Kräfte der Migranten nicht vollkommen verschwunden sind. Eine mögliche Umschreibung des Begriffs »eigene Kraft« ist die Hilfe zur Selbsthilfe. Diese Fähigkeit zu aktivieren ist m.E. das erste Ziel sozialpädagogischer Aktivität.

Machtlosigkeit, Hilflosigkeit zeigt sich in der Sprache auf folgende Arten:

a) Der Hilfesuchende hat so wenig persönliche Kraft, daß er eine unpersönliche Sprache anwendet, in der das Wort »ich« so gut wie nicht vorkommt. Zum Beispiel:
   - Sie diskriminieren uns überall. (Wer sind die »sie«? Für was steht »überall«?)
   - Die niederländische Gesellschaft kennt keine Normen. (Wer ist mit »niederländische Gesellschaft« gemeint? Um welche »Normen« geht es?)
   - Jeder hat es auf mich abgesehen. (Wer ist »jeder«? An wen denken Sie da zu allererst?)

Es ist wichtig, daß der Sozialarbeiter diese allgemeinen Formulierungen nicht akzeptiert. Versuchen Sie, die eingeklammerten Reaktionen zu konkretisieren. Zum Beispiel:

Wer sind ›sie‹? – Nun, die Leute bei meiner Arbeit.

Tun sie es überall? – Nicht in der Kantine, aber bei der Arbeit selbst. Wenn ein schmutziger Job gemacht werden muß, dann bin ich gut genug.

Es könnte weitergefragt werden, was ein »schmutziger Job« denn beinhalte, wie er auf ihn abgeschoben werde, wer es vor allem tue oder ob es auch Leute gebe, die das nicht tun. Dadurch wird das Bild konkret, und es läßt sich vielleicht herausfinden, was man ändern sollte.

Mit anderen Worten: Erst über das Konkrete kann sinnvoll kommuniziert werden.

b) Menschen können durch die Umstände so niedergedrückt sein, daß sie fast nur noch in der Sprache eines Opfers sprechen können. Oft wird das Passiv benutzt. Zum Beispiel:
   Wir werden nie für voll genommen! (Wer nimmt Sie nicht für voll?)
   Wir werden überall geschnappt. (Wer hat es vor allem auf Sie abgesehen?)

Unsere Kinder werden uns weggenommen. (Wer nimmt Ihnen die Kinder weg?)
Auch hier bieten konkrete Ereignisse die Möglichkeit zu einem konkreten Gespräch.

c) Schließlich kann in einem Satz gerade das weggelassen werden, um das es eigentlich geht. Der Gesprächspartner ist erst einmal nicht fähig, zu seinen Gefühlen vorzudringen. Zum Beispiel:
Ich habe Angst. Das macht mir zu schaffen. Ich schlafe nachts nicht. (»Ich habe Angst« ist eine unvollständige Aussage. – Wovor haben Sie Angst? Oder vor wem haben Sie Angst?)
Ich bin in der letzten Zeit müde, so müde, daß ich unfähig bin, etwas zu tun. (Wovon sind Sie so müde? Was würden Sie gerne tun? vgl. Punkt a.)
Ich grüble und grüble, und ich komme da nicht raus. (Worüber grübeln Sie am meisten? Woraus kommen Sie nicht?)

Dies zeigt die Hilflosigkeit sprachlicher Äußerungen, und wie solche hilflos machenden allgemeinen Aussagen auf ihren konkreten Kern zurückgeführt werden können (und müssen!). Dies hilft, allgemeine Gefühle zu relativieren und begünstigt den Einsatz eigener Kräfte und Selbsthilfe. Das heißt nicht, daß allgemeine Gefühle nicht real und bedrückend sind, sondern daß durch Konkretisierungen Raum für andere Gefühle entsteht.

Es gibt noch eine andere Art und Weise, den Gesprächspartner zu seiner eigenen Kraft zurückzuführen. Man könnte das als »Neuformulierung des Problems« bezeichnen.

Darunter versteht man, daß der Gesprächspartner aufgefordert wird, seinen Satz so umzuformulieren, daß er persönlich wird, daß die Opferrolle vermieden wird und/oder daß das Objekt der eigenen Gefühle geäußert wird.

Dazu müssen Sie versuchen, Ihren Gesprächspartner aus seiner eigenen Lebenswelt heraus reagieren zu lassen und eine allgemeine Sichtweise bzw. ein allgemeines Weltbild in ein persönliches Weltbild umzuwandeln.

Zum Beispiel:
»Sie diskriminieren uns überall.«
»Beginnen Sie den Satz mit: Ich ...«
»Eh ... ich ... ich werde überall diskriminiert.«
»Sagen Sie statt ›überall‹, wo das geschieht.«

»Ich werde bei meiner Arbeit diskriminiert.«

»Sie fühlen sich also als Opfer von Diskriminierung?«

»Ja, das stimmt.«

»Versuchen Sie, einen Satz zu bilden, in dem Sie das Wort ›werden‹ weglassen, und hinter dem Sie dennoch stehen können. Das ist eine schwierige Aufgabe.«

»Ich ... ich habe das Gefühl, daß ich diskriminiert werde.«

»Sie verwenden noch immer das Wort 'werden'.«

»Ich habe das Gefühl, daß ich ... mich ... diskriminieren lasse.«

»Sie lassen sich also diskriminieren?«

»Ja, und das lasse ich mir nicht länger bieten!«

Dieser Satz klingt wesentlich kräftiger als der eingangs formulierte!

»Das lassen Sie sich nicht länger bieten. Was können Sie tun?«

»Ich kann erst mal mit Ali darüber sprechen, der arbeitet auch bei uns, und der kennt den Personalchef gut.«

Hier entdeckt also der Gesprächspartner allein durch die Neuformulierung eine Möglichkeit, aktiv zu werden.

Ein anderes Beispiel:

»Ich habe Angst. Das macht mir zu schaffen. Ich schlafe nachts nicht.«

»Sagen Sie den Satz noch einmal, mit anderen Worten. Machen Sie klar, um was es geht.«

»Also ... mein ältester Sohn ...«

»Was ist mit Ihrem ältesten Sohn?«

»Der hat Umgang mit den falschen Jungen. Er schwänzt die Schule. So verbaut er sich die Zukunft.«

»Versuchen Sie nun noch einmal, den ersten Satz anders zu sagen.«

»Eh ... ich fürchte, daß sie bald sagen, daß ich ein schlechter Vater bin, daß ich meinen Sohn nicht erziehen kann.«

»Wer sind ›sie‹?«

»Mein Vater und meine Mutter, die auch hier wohnen, und mein Bruder. Aber der hat ja auch nur kleine Kinder.«

Diese Neuformulierung zeigt, daß es nicht so sehr das Verhalten seines Sohnes selbst ist, das ihm angst macht, sondern der Verlust an Ehre. Zu schnelles Eingreifen des Sozialhelfers hätte das Gespräch zweifellos auf seinen Sohn gebracht. Nun stellt sich heraus, daß noch etwas Grundlegendes eine Rolle spielt: seine Ehre in der

Verwandtschaft. Achten Sie auch darauf, daß hier die Formulierung »ich habe Angst« durch das unverfänglichere »ich fürchte, daß« ersetzt wird. Für den Sozialarbeiter ist dies wichtig. Der Mann fürchtet nicht einfach, daß ... Dahinter verbergen sich Ängste.

»Ihr Vater, Ihre Mutter und Ihr Bruder haben großen Einfluß auf Sie?«

»Ja. Aber eigentlich finde ich das nicht richtig. Ich kann doch nichts dafür, daß er in der neuen Schule solche Freunde gefunden hat.«

»Sie finden es nicht richtig, daß Sie deswegen Angst haben?«

»Ich werde ihnen mal sagen, wie schwierig erziehen bei Ihnen ist.«

Der Mann entdeckt durch seine Neuformulierung und mit Hilfe der unterstützenden Fragen des Sozialarbeiters eine Möglichkeit, aus seinen alten Mustern herauszukommen. Mit anderen Worten: Es entwickeln sich seine eigenen Kräfte und Möglichkeiten zur Selbsthilfe.

Der große Vorteil dieser Methode ist, daß der Fragende im Hintergrund bleibt. Es gibt allerdings auch eine Gefahr. Der Fragende könnte durch die Art, wie er seine Frage formuliert, bestimmte Antworten suggerieren. Es ist nie sicher, ob solche Antworten den Kern des Problems treffen. Das wichtigste ist aber, daß der Gesprächspartner den Weg zur Aktivierung eigener Kräfte und zur Selbsthilfe findet.

Ein Nachteil ist, daß die Aufgabe der Neuformulierung für einen Migranten mit geringen Kenntnissen der neuen Sprache sehr schwierig ist.

Ein einfacheres Mittel – mit der Gefahr, schnelle Lösungen zu finden und das eigentliche Problem nicht zu bemerken – ist, einen Satz, der Hilflosigkeit ausdrückt, mit den Formulierungen »wenn nicht« oder »es sei denn, daß« fortsetzen zu lassen. Zum Beispiel:

»Unsere Kinder werden uns weggenommen.«

»Wenn nicht ...«

»Wenn nicht ... wenn die Schule keine Möglichkeit schafft, daß sie in ihrer Muttersprache unterrichtet werden.«

Sie können auf diese Art und Weise das Gespräch schnell auf eine Aktion richten. Doch wenn das Problem auf einer tieferen emotionalen Ebene liegt, kann das »wenn nicht« den Kern nicht treffen, was das folgende Beispiel beweist.

»Ich habe Angst (usw.).«

»Wenn Sie hinter diesen Satz ein ›wenn nicht‹ setzen, was würden Sie dann hinzufügen?«

»Nun, wenn nicht ... wenn sich mein Sohn in der Schule nicht besser verhält.«

Achten Sie darauf, daß der Sozialarbeiter hier auf eine nicht unwichtige Spur gebracht wird, daß er aber, verglichen mit der ersten Ausarbeitung des Beispiels, nicht mit dem Kernproblem der Angst seines Gesprächspartners konfrontiert wird.

Oder:

»Ich werde überall diskriminiert, wenn der Personalchef nicht eingreift.«

Hier wird ein wichtiger Schritt übergangen: die Kollegialität Alis. Wenn der Sozialarbeiter weiterfragt, wird er das vielleicht noch herausfinden, aber sicher ist das nicht. Außerdem ist es fraglich, ob bei dieser Art des Gesprächs die Selbsthilfe angeregt wird.

Zusammenfassung

Am Schluß von Kapitel 6 über die Situation von Migranten habe ich die Hilflosigkeit genannt, in der sich Migranten befinden können. Angesichts der Konsequenzen des dritten Schritts im sozialpädagogischen Gespräch habe ich eine begrenzte Zahl gesellschaftlicher Faktoren angeführt. In diesem dritten Teil habe ich nun auf die Förderung der Selbsthilfe hingewiesen. Sozialpädagogische Intervention bedeutet nicht immer, daß das Problem gelöst wird, darauf habe ich bereits in der Einleitung hingewiesen. Probleme sind oft so komplex, daß eine Lösung irreal wird. Sozialpädagogische Hilfe hat in erster Linie das Ziel, dem Klienten (Gesprächspartner) mit seinen Problemen eine Lebensperspektive zu geben. Oder, um es anders zu sagen: Der Sozialarbeiter muß seinem Gesprächspartner helfen, sich von seinem Problem nicht erdrücken zu lassen. Um diesen dritten Schritt unserer Methode erfolgreich anzuwenden, kann die Sprache mit ihren Möglichkeiten ein wichtiges Hilfsmittel sein.

Die Sprachstruktur des Hilfesuchenden ist manchmal ein Zeichen ihrer Machtlosigkeit. Der Sozialarbeiter, der dafür sensibel ist, kann mit Hilfe der Sprache seinem Gesprächspartner helfen,

die eigene Kraft zu mobilisieren und die Abhängigkeit vom Sozialarbeiter abzubauen, wodurch er in die Lage versetzt wird, sein Problem selbst in die Hand zu nehmen. Das bedeutet auch eine Anerkennung des Migranten als selbständige Person (auch in einer F-Kultur) und schafft ein hohes Maß an Selbstakzeptanz.

Aufgaben

1) Unter a, b und c sind verschiedene Beispiele angegeben. Überlegen Sie sich kleine Gesprächsfragmente, und verwenden Sie die Methode der Neuformulierung an diesen Beispielen.
2) Aus dem Fallbeispiel Ouali (Kapitel 2) wurde in den Aufgaben von Kapitel 3 gefolgert, daß dieses Gespräch mit Ouali ziemlich zäh verlief. Untersuchen Sie, ob es vielleicht daran lag, daß die Sprache des Mentors selbst zu vage geblieben war.
3) Nehmen Sie ein Gespräch auf Video auf, da Sie über ein ziemlich emotionsgeladenes Thema mit einem Mitstudenten oder einem anderen Kursteilnehmer führen. Achten Sie beim Abhören des Bandes auf die in diesem Kapitel behandelte Sprachstruktur.

Fallbeispiel: Sonny (oder Yvonne)

Yvonne ist Praktikantin in einer Hauptschule, an der die Mehrheit der Schüler Nichteinheimische sind. Deshalb hat die Direktion beschlossen, ein Begleitteam einzusetzen, um Schülern mit Problemen so weit wie möglich zu helfen. Das Team besteht aus einigen Lehrern und vier Praktikanten. Schüler können vom Mentor der Klasse an dieses Team weiterverwiesen werden. So kam Sonny zu Yvonne.

Ich hatte vom Mentor erfahren, daß Sonny zu mir kommen würde. Der Schülerkartei entnahm ich, daß Sonny ein surinamischer Junge ist, in den Niederlanden geboren, fünfzehn Jahre alt. Er hat zwei ältere Schwestern, die beide nach ein paar Jahren Mittelschule nun in einem Geschäft arbeiten. Sonny hat auch noch einen jüngeren Bruder. Der Mentor hatte mir mitgeteilt, daß Sonny oft nicht zur Schule kommt und schlechte Noten hat, obwohl er keinen unintelligenten Eindruck mache. Und daß er schwer ansprechbar sei.

Als Sonny zu mir hereinkam, machte er ein stures und mürri-

sches Gesicht. Ich habe versucht, unser Gespräch so genau wie möglich wiederzugeben.

1) »Also, Sonny, setz dich. Der Mentor hat dich zu mir geschickt. Was ist denn los?«
2) Sonny zuckt mit den Schultern und schaut sich in meinem Zimmer um.
3) »Es klappt alles nicht so ganz, was?«
4) »Alle haben mich auf dem Kieker.«
5) »Das muß ein blödes Gefühl sein.«
6) Sonny zuckt wieder mit den Schultern.
7) »Dein Mentor hat gesagt, daß du oft Schule schwänzt. Das hat doch bestimmt damit zu tun, oder?«
8) »Es ist eine Scheißschule.«
9) »Warum hältst du sie für eine Scheißschule?«
10) Sonny schweigt und schaut mich mißtrauisch an.
11) »Und trotzdem mußt du zur Schule gehen.«
12) »Sollen sie doch.«
13) »Was meinst du damit?«
14) Sonny verfällt in Schweigen.
15) »Was meinen sie denn zu Hause dazu?«
16) »Zu Hause ist es Scheiße.«
17) »Scheiße?«
18) »Meine Mutter ist immer krank und mein Vater immer wütend.«
19) »Und deine Schwestern?«
20) »Die mischen sich in alles ein. Sie verwöhnen meinen kleinen Bruder, und ich bin immer an allem schuld.«
21) »Du hast es gründlich satt.«
22) »Ich laufe weg.« Sonny macht ein Gesicht, als könne ihm nichts etwas anhaben, und setzt sich etwas anders hin.
23) »Und dann?«
24) »Na ja, rumtreiben und so. Ich schaff's schon. Ich habe überall Freunde.«
25) Ich finde keinen Zugang zu Sonny. Ich fühle, wie ich gereizt werde.
26) »Hast du keine Angst, daß dich die Polizei schnappt?«
27) »Pah! Die Polizei ist mir egal. Wir werden doch überall geschnappt.« Und dann plötzlich heftig: »Glauben Sie etwa, das wäre schön? Aber was soll ich denn sonst tun?«

28) »Nun, du könntest versuchen, dir in der Schule Mühe zu geben. Dann kannst du einen Beruf lernen.«
29) »Da hat man was davon! Später ist man sowieso arbeitslos.«
30) »Wenn du so anfängst, kommst du nie weiter.«
31) »Ich will auch nicht weiterkommen. Es ist sowieso sinnlos.«
32) »Wenn ich du wäre, würde ich aber doch in die Schule gehen.«
33) Sonny schaut mich an, als wolle er sagen: Was für ein origineller Ratschlag. Ich fühle, daß ich nicht weiterkomme. Da sagt er plötzlich:
34) »Ich werd's mal probieren.«
35) Er steht auf, gibt mir die Hand und geht zur Tür hinaus.

Einerseits bin ich erleichtert, daß dieses Gespräch vorbei ist, aber andrerseits fühle ich mich beschissen, weil es so abgelaufen ist. Besonders wegen der Art, wie er plötzlich weggegangen ist.

Fragen/Aufgaben

1) Geben Sie den Eindruck wieder, den dieses Gespräch auf Sie gemacht hat. Was empfinden Sie Yvonne gegenüber, und was Sonny?
2) Analysieren Sie nun jeden einzelnen Satz entsprechend der Theorie des letzten Kapitels. Achten Sie auf die Sprachstruktur und auf nonverbale Signale.
3) Inwieweit hat diese Analyse Ihren ersten Eindruck bestätigt, vertieft oder verändert?
4) Vergleichen Sie Ihre Analyse mit meinem nun folgenden Kommentar.

Mein Kommentar:

Ich kann mir vorstellen, daß sich Yvonne über den Ablauf dieses Gesprächs unglücklich fühlt. Ich denke, daß Sonny kein bequemer Junge ist. Gut finde ich, daß Yvonne auch nonverbale Signale wahrnimmt. Sie fängt allerdings nichts mit ihnen an. Sie geht nicht auf Sonnys Hilflosigkeit ein. Der Junge läuft vor den Problemen davon, wie er am Ende des Gesprächs vor Yvonne davonläuft. Ich glaube, daß in diesem Gespräch verschiedene Möglichkeiten la-

gen, um mit ihm weiterzukommen. Meine Analyse ist so (ich folge der Numerierung des Textes):

1) Yvonne weiß genau, was los ist. Warum sagt sie das nicht sofort? Ein paar Sätze weiter teilt sie mit, daß sie es weiß. Ich denke, dies weckt wenig Vertrauen bei Sonny und gibt ihm nur die Bestätigung, daß er in einer »Scheißschule« ist.
2) Sonnys Reaktion ist wenig ermutigend. Warum sagt Yvonne nicht: »Du hast, glaube ich, wenig Lust zu diesem Gespräch?« Dann hätte sie ihn vom ersten Moment an anerkannt.
3) Hier versucht Yvonne, zu ihm durchzudringen.
4) Mit einem Ergebnis: Er gibt ein allgemeines Gefühl wieder.
5) Yvonne geht kurz und allgemein darauf ein. Besser wäre gewesen: Erzähl doch mal, wer vor allem? Dann wäre das Gespräch bestimmt konkreter geworden. Oder, um in Sonnys Gefühlssphäre zu bleiben: Das kann einen schon sauer machen (aber dies bleibt wiederum sehr allgemein!).
6) Nun erreicht ihre Bemerkung nichts.
7) Yvonne stellt sich nun hinter die Autorität der Schule. Die Folge davon:
8) Ein aggressiver Ausbruch.
9) Für Sonny muß diese Frage klingen, als akzeptiere sie seine Gefühle über diese Schule nicht. Die Frage wird ja auch von einem Mitglied der Schule gestellt. Die Positionen sind ihm klar. Schade, daß Yvonne nicht versucht, seinen Ausbruch zu konkretisieren: Was findest du an der Schule denn besonders beschissen?
10) Seine nonverbale Reaktion bestätigt meine Interpretation.
11) Yvonne bleibt mit einer wenig aussagenden Bemerkung weiter in ihrer Position. Ich glaube, daß sie wieder in Kontakt mit Sonny hätte kommen können, hätte sie auf seine nonverbalen Signale reagiert.
12) Das einzige, was Sonny ausdrücken kann, ist eine Reaktion totaler Ohnmacht.
13) Yvonnes Frage bestätigt seine Ohnmacht. Was hätte er nun antworten sollen?
14) Yvonne weiß ganz offenbar nicht mehr weiter und hofft, von »zu Hause« Hilfe zu bekommen. Sie verläßt mit dieser Frage auch den Rahmen des bisherigen Gesprächs.
15) Sonny bekommt nun eine Chance, seine Aggression gegen seine Eltern zu richten.

16) bis 20) Tatsächlich handelt es sich hier um eine Wiederholung des bisherigen Gesprächs, nur das Thema hat sich verändert.
21) An sich ist dies ein guter Versuch Yvonnes, wieder in Kontakt mit Sonny zu kommen, aber es ist zu spät. Sonny hat seine Position bezogen.
22) Er gibt an, daß er vor allem davonlaufen will.
23) Diese Frage ist auch nicht schlecht. Yvonne nimmt ihn ernst.
24) Sonny zeigt eine gewisse Bereitschaft zu Selbsthilfe und Energie.
25) und 26) Aber Yvonne bekommt es nicht mit. Sie gibt allmählich auf und holt die Polizei dazu (wie sie erst seine Familie dazugeholt hat).
27) Sonny spielt wieder den Unbekümmerten, dann kommt fast ein Schrei um Hilfe. Seine Sprache wird abgehackt, er nimmt die Rolle des Opfers an.
28) Schade, daß Yvonne das nicht beachtet und explizit auf seine Frage eingeht. Das Implizite läßt sie links liegen. Bei einem besseren Gespräch hätte es hier auch die Möglichkeit gegeben, das hilflose »Wir werden doch überall geschnappt« neu zu formulieren. Nun behält seine Hilflosigkeit die Oberhand.
29) Sonny wehrt sich wie ein Tier, das in die Enge getrieben ist. Aber er bringt eine gute Rationalisierung (Abwehrmechanismus!).
30) Yvonne wird merklich gereizter.
31) Sonny hält das nicht aus und verfällt wieder in Hilflosigkeit.
32) Yvonne versucht es noch einmal mit einem gut gemeinten Rat.
33) Aber sie spürt selbst, daß das ein Schlag in die Luft ist.
34) Für Sonny ist dies jedoch die Möglichkeit, der Situation zu entfliehen. Er reagiert explizit: Ich werde es tun.
35) Yvonnes Gefühl, daß seine Reaktion eine Flucht sei, ist richtig. Tatsächlich tut er, was er angekündigt hat: weglaufen, aber ohne Yvonne gegenüber seine Ehre zu verlieren.

Noch eine letzte Anmerkung:

Yvonnes Geschichte hat nicht besonders viele interkulturelle Merkmale, außer daß sie eine typische Situation jüngerer Migranten zeigt. Sonny ist zwar bei uns geboren, aber er gehört zur zweiten Generation. Seine Hilflosigkeit ist bei vielen seiner Alters- und Schicksalsgenossen ebenfalls festzustellen.

11. Schlußfolgerungen für Sozialarbeiter

Ein ernsthaftes Gespräch ist wie ein modernes Ballett. Die Musik und die Ideen des Choreographen bilden auf eine eigene Weise den Raum, innerhalb dessen die Tänzer tanzen. Sie scheinen ihren eigenen Tanz auszuführen, doch die Musik bestimmt ihre Bewegungen, und die Sichtweise des Choreographen inspiriert ihre Tanzfiguren. Manchmal bilden einige Tänzer eine Einheit. Dann wieder kreisen sie umeinander, oder einer tanzt losgelöst im Raum. Kurz darauf finden sie einander wieder mit eleganten Sprüngen, fangen sich gegenseitig auf und tanzen dann weiter.

So ist es auch im Gespräch, bei dem wir uns lauschend und tastend mit dem anderen beschäftigen, ihn verstehen wollen, gegenseitige Anerkennung finden wollen, um kurz darauf unseren Gesprächspartner wieder sich selbst sein und seinen eigenen Weg gehen zu lassen.

Sie mögen nun vielleicht anmerken wollen, daß dies bei einem interkulturellen Gespräch nicht stimmt. Schließlich habe ja jeder seinen eigenen (kulturellen) Raum und seine eigene Vision!

Ich habe, vor allem im letzten Kapitel, immer wieder darauf hingewiesen, daß dies nur teilweise stimmt. Wir sind alle Menschen mit Gefühlen und Erfahrungen, die wir bei anderen wiedererkennen. Wenn in F-Kulturen die Ehre im Mittelpunkt steht, bedeutet das nicht, daß Ehre in G-Kulturen überhaupt keine Rolle spielt. Das Individuum mit seinem Hang zur Selbstbehauptung und zur Rationalität mag in der G-Kultur stärker entwickelt sein, doch es wäre unrichtig, diese Faktoren in der F-Kultur völlig zu ignorieren. Migration, so habe ich gezeigt, kommt überall vor. Für das interkulturelle Gespräch ist es von großer Bedeutung, den Fremdling in unserer Mitte nicht zu einem Fremden, der außerhalb unseres Lebensbereichs steht, werden zu lassen. Wir sollten ihn zu einem Gast machen, der zu uns gehört, den wir anerkennen und wiedererkennen und der auch uns etwas zu sagen hat. Die Fundamente unseres Lebens und die Erwartungen, die wir und die Migranten an das Le-

ben haben, unterscheiden sich im Kern nicht voneinander. Ebensowenig die Probleme, die wir zu lösen versuchen und mit denen wir leben müssen. Wir tanzen in einem für alle verstehbaren Raum. Deshalb ist ein interkulturelles Gespräch immer dann möglich, wenn beide Partner den Willen zum Tanz aufbringen.

Unterschiede können sich in dem Erleben der Problematik finden, im Interesse an der Lösung, im Ansatz, mit den Problemen oder mit dem Leben selbst »klarzukommen«. Da gibt es manchmal Akzentverschiebungen, manchmal auch wirkliche Unterschiede zwischen den Kulturen. Und auf der Bühne unserer Gesellschaft, die sich in vielen Wohngebieten unseres Landes zu einer multikulturellen Gesellschaft entwickelt hat, geht es um die Tanzschritte, um den Auftrag, zusammenzuleben. Das interkulturelle Gespräch findet auf dieser Bühne statt.

Doch im Ballett sind die Tanzpartner gleichwertig im Sinne von gleicher Kraft und gleicher Macht, während im Gespräch, das dem Migranten helfen soll, die Kräfte- und Machtverhältnisse unterschiedlich sind. Das ist wahr und zugleich nicht wahr.

Wahr ist – und insofern geht das metaphorische Bild »Ballett« nicht auf –, daß im sozialpädagogischen Gespräch der Klient mehr oder weniger stark von seinem Problem belastet ist und deshalb Hilfe braucht. Daher ist er oft nicht oder fast nicht in der Lage, selbst zu tanzen. Mag sein, daß er das auch gar nicht will, weil die Migrantensituation so niederdrückend ist, daß ihm der Mut fehlt. Vielleicht sieht er es sogar als Verrat an der eigenen Kultur an, sich auf der Bühne unserer Gesellschaft zu bewegen. Er bleibt zwischen den Kulissen.

Daß er dort nicht stehenbleibt, ist Aufgabe und Ziel. Es ist die Aufgabe des Sozialarbeiters, ihn aus den Kulissen zu holen und ihm bewußt zu machen, daß er mit all seinen Problemen und verständlichen Frustrationen ein Recht auf einen akzeptierten Platz in unserer Gesellschaft hat. Es ist die Aufgabe des Sozialarbeiters, ihm zu helfen, daß er sich dieses Recht nimmt und zum Tanzpartner wird. Jedes Kapitel dieses Buches, vor allem das letzte, möchte dazu beitragen.

Aber ich höre den Widerspruch, daß die Gewalt unserer Gesellschaft, die Gewalt der Systeme, eine Integration oft unmöglich macht.

Bedenkt man die große Arbeitslosigkeit unter den Migranten, die geringe Aussicht der Jüngeren, Arbeit zu bekommen, den ge-

samten bürokratischen Apparat, das westliche Fachwissen – wie kann dann ein Migrant einen anerkannten Platz auf dieser Bühne bekommen? Wie kann seine eigene Kraft zu eigenen Tanzschritten führen? Wenn Sie das Problem so darstellen, ist es in der Tat nicht möglich. Aber ist diese Problemsicht wirklich realistisch? Zwischen der Lebenswelt des Migranten (bzw. der inländischen Gesprächspartner) und der unterdrückenden Macht unserer Gesellschaft liegt eine Zone, in der eigene Kreativität und die Eroberung von Macht (wenn auch in kleinen Ausmaßen) möglich ist. Anders gesagt: Egal, wie die Mächtigen unsere Lebenswelt auch kolonialisierten, wir können uns dieser Tatsache bewußt werden und aufgrund dieser Bewußtwerdung nach Möglichkeiten suchen, unsere eigene Lebenswelt zu gestalten. Menschen haben genug Vitalität, um als Menschen und als Personen sich nicht vollständig von anderen bestimmen zu lassen. Sonst wäre menschliches Leben nicht mehr möglich. Und gerade in Streßsituationen kann sich der Mensch seines eigenen Wertes bewußt werden und sich mit der verständnisvollen Hilfe eines anderen wieder hocharbeiten.

Vielleicht müssen wir lernen, in konkreten Situationen auch mit den unterdrückenden Mächten zu tanzen, um zu entdecken, daß diese Mächte nicht allmächtig sind. Man kann sie der eigenen Lebenswelt dienstbar machen, hier und jetzt, in unserer Familie, in der Schule, am Arbeitsplatz, in der Sozialarbeit.

Dieses Arbeitsbuch mit all seinen Aufgaben und Fallbeispielen geht von der Überzeugung aus, daß das Gespräch mit Migranten zwar längst nicht immer einfach ist, doch zugleich viele Möglichkeiten bietet, zu einer echten und dadurch hilfreichen Kommunikation zu kommen – wenn wir es ernsthaft versuchen.

Diese Zielvorstellungen habe ich in zwei Dimensionen entwickelt.

- Die erste Dimension kam vor allem in der Theorie des ersten und dritten Teils zum Tragen. Es ist die methodische Dimension. Zum einen wird sie durch die Nennung technischer Aspekte bestimmt: Verstehen können, Kommunikationsformen und Sprachstruktur.

  Dazu wird der Hintergrund (die Lebenswelt), vor der wir miteinander sprechen, beachtet. Und weil es um sozialpädagogische Gespräche ging, mündete dieser Weg in ein Modell für Gespräche, die dem Partner wirklich helfen können: die Drei-Schritte-Methode.

- Die zweite Dimension ist vor allem im zweiten Teil zu finden. Sie umfaßt eine Reihe inhaltlicher Voraussetzungen, um einander in einer interkulturellen Situation zu verstehen. Als westlicher Gesprächspartner muß man das Typische und Spezifische einer Person und des Gesprächspartners im Auge behalten. Diese Eigenheiten umfassen sowohl die Kultur- als auch die Migrantensituation sowie das Körpererleben und die Familienstruktur.

Diese beiden Dimensionen wurden in den Aufträgen und Fallbeispielen miteinander verbunden, um die Drei-Schritte-Methode darzustellen.

Es gilt zu beachten – und vielleicht ist es überflüssig, das zu betonen –, daß das Ziel des sozialpädagogischen Gesprächs nicht die direkte Lösung von Problemen ist, vor allem dann nicht, wenn es sich nicht um rein materielle Probleme handelt. Das moderne Ballett ist nicht auf ein Happy-End aus! In den Gesprächen geht es primär um die Bestätigung des anderen, der in einer oft schwer zu ertragenden problematischen Situation lebt. Aufgrund des gegenseitigen Akzeptierens können die Gesprächspartner nach Möglichkeiten suchen, Probleme erträglich zu machen und eigene Kräfte zu entwickeln. Manchmal zeigen sich dabei Perspektiven zur Reduzierung des Drucks, sogar zur Lösung einzelner Probleme. Immer geht es darum, eine lebenswerte Lebenswelt für den Gesprächspartner und für die Menschen, die zu ihm gehören, zu schaffen.

Die Ballettmetapher enthält noch etwas, was mit meinem Sprachgebrauch in diesem Buch zusammenhängt. Ich habe immer wieder von Gesprächspartnern gesprochen. Dabei wies ich auch auf die Ungleichheit hin, die als Faktum in einem sozialpädagogischen Gespräch vorhanden ist: auf der einen Seite der Sozialarbeiter als Helfer und auf der anderen Seite sein Partner, der bezüglich seiner Probleme Hilfe sucht. In diesem Gespräch hat der Sozialarbeiter die Leitung, und der Hilfesuchende wird schnell der »Angesprochene«. Migranten sind oft die »Angesprochenen«. Das bedeutet, daß sie sich der Struktur des Gesprächs, das vom Sozialarbeiter geführt wird, zu fügen haben. Das wiederum zeigt eine Abhängigkeitsbeziehung, die die Unterlegenheit der Migranten in unserer Gesellschaft einmal mehr bestätigt. Im letzten Kapitel über die Macht und die Ohnmacht der Sprache wollte ich darauf eingehen, daß man wirklich von »Partnern« reden kann, wie im Ballett!

So wird das Gespräch mit Migranten zu einem Ballett, das gegen die harte Realität des Alltags antanzt. Niemand wird behaupten, es handle sich um eine leichte Aufgabe. Doch es ist eine höchst notwendige Aufgabe, um denjenigen, die aus einer anderen Kultur zu uns kommen oder vor einem anderen kulturellen und situationsbedingten Hintergrund geboren sind, zu helfen, ein möglichst sinnvolles Leben zu führen.

Möge dieses Buch ein Beitrag sein, damit wir ein wirkliches Zusammenleben erreichen, mit allen Problemen, die mit dem Migrantsein nun mal verbunden sind.

Mein Dank gilt den vielen, die mir das Material beschafft haben, das mich in die Lage versetzte, dieses Buch zu schreiben. Ich habe die Hoffnung, daß noch mehr Menschen durch das Studium dieses Buches dazu kommen, mit größerem Wissen sozialpädagogische Gespräche mit Migranten zu führen.

Banning
Bessere Kommunikation mit Migranten